Get Work Done!
Mit smarten Hacks 10x mehr Fokus, Konzentration und Produktivität
Andrew Roberts

Andrew Roberts

GET WORK DONE!

Mit smarten Hacks 10x mehr Fokus, Konzentration und Produktivität

Deutsche Erstausgabe 2019

1. Auflage

INHALTSVERZEICHNIS

VORWORT UND EINLEITUNG

In diesem Ratgeber dreht sich alles um konzentriertes Arbeiten. Was man darunter versteht, dürfte den meisten von uns klar sein. Doch zehn Kapitel nur über das Konzentrieren auf die Arbeit? Gibt das Thema denn überhaupt so viel Stoff für ein ganzes Buch her? Und ob! Sie werden erstaunt sein, welche mehr oder weniger bekannten und interessanten Zusammenhänge zwischen einzelnen Lebensbereichen und unserer Konzentrationsfähigkeit bestehen.

WARUM HABEN WIR UNS GERADE FÜR DIESES THEMA ENTSCHIEDEN?

Weil wir in der heutigen Zeit in nahezu jedem Moment enorm vielen Ablenkungen ausgesetzt sind. Kaum jemand ist noch in der Lage, seine ganze Aufmerksamkeit auf die Arbeit und die damit verbundene Leistung zu richten. Dieses Buch soll Ihnen helfen, sich auf das Wesentliche zu konzentrieren und Ihre Arbeitsergebnisse dadurch kontinuierlich zu verbessern. Sie erfahren, wie Sie Ihren Fokus zielgerichtet auf Ihre Aufgaben lenken und wie Sie Ihre Konzentration sogar während des Schlafens erhöhen. Wir gehen darauf ein, wie die richtige Ernährung Sie beim Denken unterstützen kann.

Falls Sie sich schon immer mal gefragt haben, wie das mit dem Flow geht, in diesem Buch zeigen wir es Ihnen. Zahlreiche Übungsbeispiele und Techniken ermöglichen es Ihnen, schneller in konzentrierte Arbeitsphasen einzutauchen. Im optimalen Fall trägt das nicht nur zu Ihrem eigenen Wohlbefinden bei. Sie bieten auch dem Unternehmen, für das

Sie tätig sind, einen großen Mehrwert. Ihrem Vorgesetzten werden Ihre guten oder besser noch, Ihre herausragenden Leistungen nicht lange verborgen bleiben. Ein Schritt nach oben auf der Karriereleiter könnte ebenso daraus resultieren wie ein gutes gesichertes Einkommen. Doch auch dann, wenn Sie keine Evolutionsstufe bei der Arbeit emporklettern wollen, profitieren Sie von den Tipps und Techniken in diesem Buch.

FÜR WEN EIGNET SICH DER RATGEBER?

Sie sind mit Ihrem Job und Ihrer Arbeitsleistung zufrieden? So gut wie der Durchschnitt zu sein, genügt Ihnen voll und ganz? Sie mögen das Leben in Mittelmäßigkeit und widmen sich selbst bei der Arbeit lieber Ihrem Smartphone als Ihren Aufgaben? Nun, wenn Sie mehrfach genickt haben bei diesen Fragen, können Sie den vorliegenden Ratgeber getrost wieder beiseitelegen. Das müssen Sie sogar tun aus reinem Eigenschutz. Denn sonst besteht die Gefahr, dass Sie ungewollt Strategien aus diesem Buch anwenden, um bessere Arbeitsergebnisse zu erzielen. Sie könnten plötzlich besser schlafen, Ihren Arbeitstag sinnvoller und strukturierter gestalten und zum Schluss auch noch konzentrierter und ergebnisorientierter arbeiten.

Ach so, das genau streben Sie in Wirklichkeit an? Sie wollen raus aus der Durchschnittsfalle und suchen nach den passenden Techniken, sich von den anderen abzuheben und Ihre Persönlichkeit zu entwickeln? Dann ist dieses Buch optimal für Sie und Sie werden bei richtiger Anwendung aus jedem einzelnen Kapitel großen Nutzen ziehen. Sie merken schon, ein kleines Augenzwinkern hier und da darf nicht fehlen. Schließlich soll Arbeit ja auch Spaß machen und mit konzentriertem Arbeiten ist das nicht anders.

WAS ERWARTET SIE?

Das Buch ist in zehn Kapitel gegliedert. Jeder Abschnitt beschäftigt sich ausführlich mit einem Thema, das mittelbar oder unmittelbar mit der Konzentration bei der Arbeit verbunden ist. Dabei fließen eigene Erfahrungen ebenso mit ein, wie wissenschaftliche Studien und Forschungsergebnisse. Sicher wird nicht alles Neuland für Sie sein. Vor allem dann nicht, wenn Sie sich in der Vergangenheit schon mit Themen wie Selbstmanagement und Selbstverwirklichung beschäftigt haben. Dennoch entdecken Sie im Buch bestimmt auch Erkenntnisse, die Sie so noch nicht wussten und die Sie für sich nutzen können. Letztlich kommt es, wie bei jedem anderen Ratgeber auch, darauf an, was Sie mit dem Wissen aus diesem Buch anfangen. Es nur zu lesen, wird Sie nicht wirklich voranbringen. Arbeiten Sie mit dem Ratgeber und holen Sie ihn immer wieder hervor. Markieren Sie sich Stellen, die Sie später unbedingt noch einmal vertiefen wollen. Nutzen Sie die empfohlenen Übungen und Tools. Nur so ziehen Sie den optimalen Nutzen daraus.

Die Grundlagen, wie Sie beispielsweise Ihren Arbeitsplatz gestalten sollten und Ihre Arbeitsabläufe geschickt planen und daraus Routinen entwickeln, erfahren Sie in den ersten drei Kapiteln. Die Mitte behandelt die einzelnen Felder, die der allgemeinen Optimierung unseres Gehirns und unseres Körpers dienen. Sie lernen, wie Sie Ihr Schlafverhalten, Ihre Ernährung und nicht zuletzt Ihr Denken verbessern. Sie glauben gar nicht, welchen Unterschied es ausmachen kann, ob Sie diese Ratschläge beherzigen und in Ihr alltägliches Leben integrieren oder nicht.

Im letzten Drittel geht es um die Praxis. Hier stellen wir Ihnen eine Vielzahl von Übungen und Techniken vor, wie Sie Ihre Konzentration trainieren und steigern können. Fast alles lässt sich prima in Ihren Arbeitsalltag einbauen. Es kommt hier nicht darauf an, wie lange Sie pro Tag üben. Viel wesentlicher ist, dass Sie es regelmäßig tun. Schon nach wenigen Wochen wird kontinuierliches Training zur Routine und fällt Ihnen genauso leicht wie das morgendliche und abendliche Zähne putzen.

DIE AUFTEILUNG HAT METHODE

Die Kapitelstruktur ist bewusst gewählt. Daher empfiehlt es sich, das Buch erst einmal von Anfang bis zum Ende der Reihenfolge nach zu lesen. So erhalten Sie kompaktes Wissen in der Übersicht und zu den einzelnen Bereichen. Sobald Sie dann mit dem Buch arbeiten und gezielt eines der Optimierungsthemen angehen wollen, spielt die Reihenfolge der Kapitel nur noch eine untergeordnete Rolle. Suchen Sie sich aus, was für Sie am spannendsten oder wichtigsten erscheint und vertiefen Sie dort Ihre Kenntnisse und Fertigkeiten.
Am Ende eines jeden Kapitels erhalten Sie eine Zusammenfassung der wesentlichen Punkte zum vorangegangen, ausführlich beschriebenen Thema. Wenn Sie das Buch einmal vollständigen gelesen haben, können Sie diese Kurzversion gern als eine Art Checkliste sehen und nutzen. Manchmal reicht nur ein Stichpunkt, um eine Assoziation zu einem Themenbereich herzustellen.

Die Wirksamkeit der ganz zum Schluss vorgestellten Tools und Techniken ist, wie so oft im Leben, von jedem einzelnen Menschen abhängig. Was bei dem einen sofort anschlägt und nachhaltig funktioniert, kann beim anderen völlig wirkungslos sein oder erst nach einer langen Übungsphase fruchten. Suchen Sie sich aus unseren

Vorschlägen einfach das heraus, was am besten zu Ihnen passt. Natürlich können Sie gern auch Neues ausprobieren. Es hat sich jedoch bewährt, sich zumindest zu Beginn auf die eigenen Vorlieben zu konzentrieren. Mit den Übungen, die sich für Sie am stimmigsten anfühlen, werden Sie vermutlich auch den größten und schnellsten Erfolg haben. Wenn Sie schon eine Stufe weiter sind und dann Lust haben, auch das auszuprobieren, was Ihnen anfangs vielleicht noch unmöglich erscheint: Nur zu, trauen Sie sich ruhig. Schließlich erfahren Sie nur dann, was funktioniert, wenn Sie es tun.

Bevor es nun richtig losgeht und wir voll ins Thema einsteigen, gilt es, noch eine Frage vorweg zu klären:

WAS IST KONZENTRATION ÜBERHAUPT?

Es ist die Fähigkeit, Ihre Gedanken trotz ablenkender Einflüsse von außen ganz und gar auf ein Thema zu richten. Schulanfänger schaffen es gerade einmal zehn Minuten, sich auf einen Vorgang oder auf eine Handlung zu konzentrieren. Ein Student bringt es bereits auf zwanzig Minuten konzentriertes Arbeiten bzw. Lernen am Stück. Dabei ist Konzentration weder eine reine Willenssache noch eine angeborene Fähigkeit. Sie will erlernt und trainiert sein und das kann jeder Mensch.

Doch geben Sie sich keiner Illusion hin: Niemandem gelingt es, sich dauerhaft über mehrere Stunden hinweg auf eine Sache zu konzentrieren. Das ist aber auch gar nicht notwendig. Sie werden sehen, wie effizient der Wechsel zwischen zielgerichtetem, aufmerksamem Arbeiten und optimal erlebter Erholung ist. Ihr Denken wird klarer, Ihre Motivation steigert sich, Ihre Leistungen verbessern sich stetig.

Wir wünschen Ihnen viel Freude beim Lesen und wunderbare Ergebnisse beim Anwenden der vorgeschlagenen Strategien, Übungen und Techniken.

KAPITEL 1

PRIORISIEREN UND PLANEN VON AUFGABEN UND TERMINEN

Katharina (29, Jung-Designerin für ein angesagtes Modelabel) schlendert jeden Morgen gut gelaunt ins Büro. In der einen Hand trägt sie einen Coffee to go spazieren, in der anderen das Handy. Man sieht ihr an, dass sie es wieder einmal geradeso geschafft hat. Sie sieht fahrig und gestresst aus. Von der sich allmorgendlich wiederholenden Hektik lässt sie sich ihre Heiterkeit allerdings nicht nehmen. Ihre Unbekümmertheit treibt ihren Kolleginnen und Vorgesetzten jedoch des Öftern den Schweiß auf die Stirn.

Auf Katharinas Schreibtisch regiert, wie in ihrem gesamten Büro, die Unordnung. Alles liegt wild durcheinander. Es ist verwunderlich, wie sie bei dem Chaos überhaupt etwas finden und arbeiten kann. Doch am Vortag blieb wie so oft keine Zeit zum Aufräumen. Sie erntet einen vorwurfsvollen Blick von ihrer Chefin und nickt schuldbewusst und entschuldigend zugleich. Siedend heiß fällt ihr ein, dass Sie die Entwürfe für die neue Sommerkollektion noch immer nicht abgegeben hat. Zu viele Aufgaben liegen auf ihrem Tisch, sie hat den Überblick längst verloren. Trotzdem ist Katharina stolz darauf, dass sie alles eigenhändig und ohne fremde Hilfe erledigt. Anders als ihre Kolleginnen, die immer irgendjemanden zu finden scheinen, der ihnen einen Teil ihrer Arbeit abnimmt. Sie wühlt sich durch das Wirrwarr in ihrem Zimmer, lässt sich auf den Stuhl fallen, seufzt kurz und zuckt resigniert, aber immer noch fröhlich, mit den Schultern. „Von heute an wird alles besser“, nimmt sie sich vor und es klingt wie eine Ermutigung an sich selbst. Sie stellt den Kaffeebecher auf die einzige freie Stelle auf ihren Schreibtisch, fährt ihren Laptop hoch und macht sich an die Arbeit.

WARUM IST PLANEN SINNVOLL?

Sicher ist es Ihnen auch schon oft so ergangen: Der Arbeitstag ist zu Ende und zum Feierabend sind noch jede Menge Aufgaben liegengeblieben. Die Arbeit stapelt sich auf Ihrem Tisch und scheint stets nur zu wachsen statt zu schrumpfen. Sie bräuchten mindestens vier Hände und am besten auch zwei Köpfe und selbst das wäre nicht genug. Trösten Sie sich, denn es geht Ihnen nicht allein so. Eins ist sicher und gilt für alle Bereiche des Lebens: Egal was Sie auch tun, Sie können niemals alles schaffen. Damit Sie trotzdem konzentriert bei der Arbeit bleiben und gute Ergebnisse erzielen, müssen Sie Ihre Aufgaben und Termine planen. Das steigert die Produktivität und Effizienz und nicht zuletzt Ihre eigene Zufriedenheit.

„EAT THE FROG“ ODER SCHWERE AUFSCHIEBERITIS

Kennen Sie die „Eat the frog“-Methode? Nein, keine Sorge, es geht nicht darum, einen Frosch zu verspeisen. Vielmehr sind damit die unliebsamen Aufgaben gemeint, die Sie, manchmal vielleicht sogar über Wochen, vor sich herschieben. Immer wieder, weil Sie sie am liebsten ignorieren und ganz vom Tisch haben wollen. Sei es eine Präsentation, die einfach nicht fertig werden will oder ein unangenehmes Gespräch mit einem Geschäftspartner: Je länger Sie die Angelegenheit hinauszögern, desto hinderlicher wird es für Ihre Arbeit und Ihre Leistungsfähigkeit. Sie können anfangs noch so tun, als sei alles in Ordnung. Sie ignorieren die mahnende innere Stimme, gehen anderen Arbeitsschritten nach, tun die Dinge, die Ihnen mehr Freude bereiten und inzwischen entwickelt sich der Frosch zum Bären. Nutzt alles nichts, vom Aussitzen wird sich das Problem nicht lösen. Besser ist es, die verschmähten Aufgaben gleich als Erstes am Morgen zu erledigen. Dann sind sie sofort vom Tisch, Sie können sich weiteren Aufgaben widmen und mit leichtem Gewissen nacheinander abarbeiten. Dabei ist es wichtig, dass Sie Ihre Termine und Ihre Aufgaben nach Wichtigkeit und Dringlichkeit priorisieren.

AUFSCHREIBEN STATT MERKEN

Wir stellen diesen Absatz deshalb gleich ziemlich an den Anfang, weil er alle weiteren Schritte bedingt. Gewöhnen Sie sich ab heute an, die Dinge grundsätzlich niederzuschreiben. Sie vereinbaren am Telefon einen Termin, vergessen ihn aber im Laufe des Tages garantiert wieder. Um nicht ständig daran denken zu müssen, schreiben Sie ihn sofort nach Beendigung des Telefonates in Ihren Kalender. Fangen Sie nichts Neues an, bevor der Termin nicht im Kalender steht. Ob Sie das herkömmlich mit Papier und Stift tun oder digital am Rechner oder Smartphone, bleibt Ihrer bevorzugten Arbeitsweise überlassen. Wichtig ist lediglich, dass Sie den Termin oder die Aufgabe ohne Umschweife schnellstmöglich aus Ihrem Kopf bekommen. Denn das ist die Voraussetzung für klares strukturiertes Denken und konzentriertes Arbeiten.

WIE PLANE UND PRIORISIERE ICH RICHTIG?

Zur Planung Ihres gesamten Tages und Ihrer Arbeitsabläufe stehen Ihnen mehrere Methoden zur Verfügung. Sie haben sich allesamt im Büroalltag bewährt. Wir möchten Ihnen einige der wichtigsten Praktiken gern kurz vorstellen.

Verschaffen Sie sich zunächst erst einmal einen Überblick über Ihre Aufgaben. Dazu bietet sich idealerweise der Tagesabschluss an. Am Ende eines Arbeitstages wissen Sie, was Sie erledigt haben und welche Arbeit noch vor Ihnen liegt. Nehmen Sie sich ganz bewusst die Zeit, die Aufgaben und Termine für den kommenden Tag sorgfältig zu notieren. Wenn Sie zu denen gehören, die gern mit Notizbüchern und Timern umgehen, tun Sie das optimalerweise mittels eines Terminplaners handschriftlich. Genauso gut funktioniert aber auch die digitale Planung, falls Sie dem papierlosen Büro den Vorzug geben.

AUFGABENKATEGORIEN

Wenn Sie wirklich alles aufgeschrieben haben, was Sie erledigen müssen, unterteilen Sie alle Punkte in drei verschiedene Bereiche. Der erste Bereich umfasst die *Routineaufgaben*. Das sind zum einen Aufgaben, die sich stets wiederholen. Meistens benötigen Sie hierfür keine größere Konzentration. Dazu gehören zum anderen Aufgaben, die Sie aufgrund Ihrer Stellenbeschreibung in einem vorgegebenen Rhythmus zu erledigen haben. Dieser Aufgabenbereich ist sehr gut planbar.

Die zweite Kategorie stellen die *Projektaufgaben* dar. Sie können variieren, beanspruchen meist einen größeren Zeitrahmen und erfordern Konzentration. Aufgaben in Projekten fallen eher in unregelmäßigen Zeitabständen an, sind jedoch ebenfalls recht gut zu planen.

Dann gibt es da noch die dritte Kategorie, die *ungeplanten Aufgaben*. Hierunter zählt alles, was nicht vorhersehbar ist. Es wird immer wieder vorkommen, dass neue Aufgaben spontan an Sie herangetragen werden, die keinerlei Aufschub dulden. Sie müssen sie in Ihren Tagesplan einschieben und wissen zudem oft nicht, wie viel Zeit Sie dafür benötigen. Dennoch müssen Sie erledigt werden.

Wichtig ist: Kommt etwas Neues hinzu, sofort aufschreiben, wenn möglich, mit Zeitangabe.

PRIORITÄTEN SETZEN

Alle Aufgaben und Termine sind notiert und in die oben beschriebenen drei Blöcke eingeteilt. Nun geht es ans Priorisieren. Was ist wichtig und was dringend? Die beiden Begriffe klingen zwar ähnlich, es sind aber definitiv zwei verschiedene Paar Schuhe. Wichtig ist eine Aufgabe dann, wenn sie unbedingt erledigt werden muss, aber dahinter kein Zeitdruck steht. Dringende Aufgaben hingegen haben meist eine knappe Deadline. Für Ihren Erfolg und Ihre Arbeitsleistung sind sie jedoch weniger bedeutsam.

Schauen wir uns verschiedene Methoden an, mit denen Sie die Punkte auf Ihrem Aufgabenblatt priorisieren können:

Eisenhower-Methode

Mit diesem Prinzip lernen Sie effektiv, Ihre Zeit zu managen und Ihre Aufgaben zu strukturieren. Nehmen Sie sich Ihre Notizen zur Hand. Daneben legen Sie sich ein großes Blatt zurecht. Zeichnen Sie ein großes Quadrat darauf und unterteilen Sie dieses in vier kleinere Quadrate.

Links oben schreiben Sie „wichtig, nicht dringend". In dieses Feld kommen alle Aufgaben hinein, die Sie selbst erledigen müssen, die jedoch zeitlich noch nicht brennen. Terminieren Sie diese Aufgaben, soweit Ihnen das möglich ist.

Rechts oben fügen Sie die Worte „wichtig, dringend“ ein. Alles, was absolut unaufschiebbar und essentiell für das Erreichen Ihrer Ziele ist, setzen Sie in dieses Feld. Die Aufgaben müssen Sie selbst und sofort erledigen. Denken Sie dabei auch an „Eat the frog“.

In das Feld links unten notieren Sie „unwichtig, nicht dringend“. Aufgaben, die weder Ihrer Zielerreichung dienen noch ein Fertigstellungsziel haben, werden hier abgelegt. Sollten Sie tatsächlich irgendwann Zeit finden, können Sie sich gern einer dieser Aufgaben widmen oder sie an jemanden anderes delegieren. Ansonsten bleiben sie unerledigt.

Bleibt noch das Feld rechts unten und die Wortkombination „unwichtig, aber dringend“. Diese Aufgaben sollten Sie auf jeden Fall delegieren. Dass sie zeitnah erledigt werden sollten, steht außer Frage. Doch das müssen Sie nicht zwingend selbst tun. Finden Sie einen geeigneten Kollegen oder Mitarbeiter, der diese Aufgabe schnell und gut ausführen kann. Gibt es nicht? Oh doch, den gibt es immer und das wissen Sie auch.

Nun haben Sie einen Plan vor sich liegen, mit dem Sie arbeiten können. Sie wissen, in welcher Reihenfolge was zu tun ist und machen sich strukturiert und konzentriert ans Werk.

ABC-Praxis

Ähnlich wie die Eisenhower-Methode funktioniert auch diese Priorisierungstechnik. A-Aufgaben stellen die wichtigen und dringenden Bereiche dar und sind unbedingt von Ihnen selbst zu bearbeiten. Dazu können beispielsweise Kundenkontakte gehören. B-Aufgaben sind nicht mehr ganz so wichtig, sollten aber trotzdem zeitnah erledigt werden. Hier ist wieder Ihr Delegationsgeschick gefragt. Nutzen Sie es! Zu den C-Aufgaben gehören alle Routine-Arbeiten. Sie können sie zwar nicht weglassen oder ignorieren, doch ihr Zeitanspruch ist eher gering.

Pareto-Prinzip

Sie haben sicher schon einmal etwas über das, von Wilfredo Pareto stammende, 80-20-Prinzip gehört. Es besagt, dass 80 % Ihrer Aufgaben mit nur 20 % Ihres Arbeitsaufwandes zu schaffen sind. Für die restlichen 20 % benötigen Sie hingegen 80 % Ihrer Zeit und Energie. Auf ideales Zeitmanagement angewandt, bedeutet dies: Erledigen Sie die 80 % selbst und delegieren Sie die restlichen 20 %. Damit sind Sie extrem effizient und können sich auf die wesentlichen und ergebnisrelevanten Aufgaben konzentrieren.

Priorisieren Sie SMART

Diese Technik lässt sich nicht nur auf Ihre Arbeit, sondern auf alle Ihre Lebensziele anwenden. Sowohl im privaten als auch im beruflichen Umfeld findet die Methode Anwendung und erweist sich oft als Schlüssel zum Erfolg. Hierbei verbirgt sich hinter jedem der fünf Buchstaben des Wortes SMART eine bestimmte Bedeutung. Zusammen ergeben sie eine hocheffiziente Strategie, Aufgaben und Ziele zu bewerten und zu klassifizieren.

- S bedeutet spezifisch und heißt nichts anderes, als dass Sie Ihre Aufgaben so konkret wie möglich benennen.
- M steht für messbar: Welches Ziel verfolgt die Aufgabe und welches Ergebnis wird erwartet?

- A heißt attraktiv und besagt, Ihre Planung sollte für Sie ansprechend und motivierend sein. Zu enge Zeitfenster oder zu viele Aufgaben parallel überfordern schnell und machen lustlos.
- R wie realistisch: Dieser Punkt ist selbsterklärend. Planen Sie Zeiten, Termine und Aufgaben so, dass sie auch wirklich erreicht werden können. Nichts ist schlimmer, als sich selbst durch eine unrealistische Planung unter Termindruck zu setzen.
- T bedeutet terminiert und erfordert von Ihnen die Festlegung, wann Ihre Aufgaben erledigt sein müssen. Selbst wenn Sie von außen eine Deadline gesetzt bekommen, Ihre eigene Frist können Sie innerhalb des Rahmens stets für sich terminieren.

Abläufe planen nach Ivy Lee

Diese doch recht simple Methode geht auf den amerikanischen Firmenberater Ivy Lee zurück. Der Hintergrund: Lee beriet den Unternehmer Schwab, der seine Arbeitsabläufe optimieren wollte. Lees Vorschlag war, sich täglich aus allen Aufgaben die sechs wichtigsten auszusuchen. Diese sollten am nächsten Tag ohne Verzögerung oder Ablenkung konzentriert ausgeführt werden. Erst dann, wenn eine Aufgabe komplett erledigt war, durfte mit der nächsten begonnen werden. Schwab war damit sehr erfolgreich. Möglicherweise ist es auch für Sie die optimale Strategie, Ihre Aufgaben in den Griff zu bekommen.

ALPEN-Methode

Eine Mischung aus den vorgestellten Priorisierungspraktiken stellt die ALPEN-Methode dar. Auch hier stehen für die fünf Buchstaben des Wortes ALPEN jeweils bestimmte Bedeutungen.

A – Schreiben Sie Ihre Aufgaben nieder.
L – Schätzen Sie die Länge der notwendigen Zeit ein.

P – Pufferzeiten dürfen nicht übersehen werden.
E – Entscheidungen in Kombination mit Prioritäten fällen.
N – Nachkontrolle ist wichtig, um zu sehen, ob Sie noch auf Kurs sind oder Ihr Ziel aus den Augen verloren haben.

PAUSEN UND PUFFERZEITEN EINPLANEN

Sie haben nun eine ganze Menge über die möglichen Methoden zur Aufgabenplanung und deren Priorisierung erfahren. Bei aller Konzentration und Effizienz dürfen Sie eins niemals außer Acht lassen: Verplanen Sie grundsätzlich nur 60 % Ihrer Tagesarbeitszeit. Der Rest muss für Pufferzeiten und Pausen übrigbleiben. Wie eingangs bereits erwähnt, werden Sie immer wieder Aufgaben vorgesetzt bekommen, die Sie nicht planen konnten. Mitunter verschieben sich auch Termine, die Sie nicht beeinflussen können. Um sich selbst nicht an die Wand zu fahren und in nicht aufholbaren Zeitstress zu versetzen, brauchen Sie Leerlaufzeiten.

Dazu kommen die dringend notwendigen Pausen nach bestimmten Arbeitseinheiten. Arbeiten Sie nicht bis an Ihre Leistungsgrenze. Wenn Sie diese nämlich erst einmal spüren, dann sind Sie schon einen Schritt zu weit gegangen. Wie Sie Pausen sinnvoll in Ihren Arbeitsablauf integrieren, erfahren Sie in Kapitel 9. Dort wird ebenso beschrieben, wie lange Sie Pause machen und wie Sie diese kurze Auszeit gestalten sollten.

DER RICHTIGE UMGANG MIT ZEITRÄUBERN

Sie haben alle Ihre Aufgaben aufgeschrieben, unterteilt und gut geplant. Wunderbar, dann kann ja nichts mehr schiefgehen, oder? Nun, wie Sie bestimmt aus eigener Erfahrung wissen, nutzt der beste Plan nichts, wenn Sie andauernd in Ihrer Arbeit gestört werden oder sich ablenken lassen.

Mails checken

Ein dringender Rat: Schalten Sie unbedingt die Mail-Benachrichtigungen ab. Wenn Sie nicht gerade Kundenbetreuer sind, der den ganzen Tag davon lebt, die Anfragen von Kunden schnellstmöglich zu beantworten, dann lassen Sie die eingehenden Mails auflaufen. Sie haben Ihren Tag ja strukturiert und sich dabei natürlich auch ein Zeitfenster zum Beantworten von Mails reserviert. In dieser Zeit können Sie sämtliche Mails bearbeiten, die Sie bis dahin erhalten haben. Falls Sie wirklich viele Mails pro Tag bekommen und beantworten müssen, dann planen Sie sich gerne auch zwei oder drei Zeiteinheiten ein. Aber widerstehen Sie der Versuchung, sofort auf eine Mail zu reagieren. Das lenkt Sie nur von Ihrer eigentlichen Arbeit ab und bringt Sie aus der Konzentration.

Anrufe umleiten

Das geht sicherlich nicht immer und den ganzen Tag. Doch für einige Aufgaben brauchen Sie eine bestimmte Zeitlang einfach Ruhe. Sie sollten währenddessen nicht durch dauerndes Telefonklingeln gestört werden. Entweder Sie schalten den Anrufbeantworter ein oder Sie bitten einen Kollegen, für einen festgelegten Zeitraum Ihre Anrufe zu übernehmen. Bei nächster Gelegenheit können Sie sich gern dafür revanchieren. Wetten, dass diese Taktik gut ankommt und schon ganz bald im gesamten Team Schule machen wird?

Ein Schwätzchen unter Kollegen

Es ist ja wirklich nett, wenn ein Kollege Sie besucht und mit Ihnen über das gestrige Fußballspiel plaudern möchte. Kommunikation wird ohnehin großgeschrieben und verbessert das Betriebsklima ungemein. Wenn Sie sich gerade in einer Pause befinden, spricht auch absolut nichts gegen den kleinen Plausch. Innerhalb einer Arbeitssession sollten Sie dem interessierten Konversationspartner jedoch höflich aber deutlich klarmachen, dass Sie jetzt keine Zeit für ein Gespräch haben. Schlagen Sie einen besseren Zeitpunkt für den Smalltalk vor, dann fühlt sich auch niemand zurückgesetzt oder beleidigt. Vielleicht arbeiten Sie optimalerweise in einem eigenen Büro. Dann signalisiert das Schließen der Bürotür den Kollegen, dass Sie jetzt nicht gestört werden möchten. Falls nötig, kommunizieren Sie das auch so.

AUF DEN PUNKT GEBRACHT

Es ist gar nicht so einfach, alle Ihre Aufgaben unter einen Hut zu bringen. Doch mit etwas Planung und einem Ziel vor Augen gelingt es Ihnen leichter, Termine und Aufgaben zu koordinieren und konzentriert auszuführen. Das Wesentlichste noch einmal für Sie zusammengefasst:

- Ohne Planung versinken Sie früher oder später im Chaos.
- Schreiben Sie es auf: Was auf dem Papier steht, braucht keinen Platz mehr im Kopf.
- Nutzen Sie eine der Strategien, nach der Sie Ihre Arbeitsabläufe strukturieren und optimieren.
- Regelmäßige Pausen sind wichtig.

- Planen Sie Pufferzeiten mit ein: Sie können nicht jede Minute des Tages durchtakten. Das führt unweigerlich zum Kollaps.
- Geben Sie Ablenkungen und Störungen keine Chance.

TOOLBOX

Trello

25 Millionen Menschen nutzen dieses Tool bzw. die App bereits für ihre beruflichen sowie auch privaten Projekte. Alles, was Sie über modernes Projektmanagement wissen, finden Sie hier. Dieses webbasierte Tool ist in der umfangreichen Grundversion kostenlos. Die Anmeldung ist kinderleicht. Mit Trello erstellen Sie sogenannte Boards mit den wichtigsten Informationen zu Ihrem Projekt. Verteilen Sie die Bereiche Ihres Projekts auf mehrere Boards. So profitieren Sie von einer hervorragenden Struktur, die Sie problemlos von Ihrem Team einsehen und / oder bearbeiten lassen können.

ToDoList

Der Name verrät, wofür diese App steht. Erstellen Sie To-do-Listen und verwalten Sie Ihre Aufgaben einfach und effizient. Die Basis-Version erhalten Sie gratis. Für eine intensivere Nutzung mit Erinnerungsfunktion und Erledigungscheck gibt es eine kostenpflichtige Premium-Version. Sie können ToDoList auch als Team- und Projektsoftware nutzen.

Wunderlist

Planung wird bei Wunderlist großgeschrieben. Sie erstellen Pläne, machen sich Notizen, teilen sie mit Ihren Familien- oder Teammitgliedern und verwalten alle anfallenden Aufgaben. Terminieren ist ein Kinderspiel und sogar Aufgaben zu delegieren, ist mit diesem komplett kostenlosen Softwaretool möglich.

Journals

Ein Journal ist auf den ersten Blick nur ein Notizbuch. Auf den zweiten Blick ist es eines der effektivsten Selbstmanagement-Tools überhaupt. Es vereint die Funktionen von Projektplanungstools, Terminkalendern, Notizbüchern und reinen Erfolgsjournalen. Das macht ein scheinbares Notizbüchlein zu einem der mächtigsten Werkzeuge für einen organisierten Alltag.

Sonstiges

- Timer haben je nach Version den Vorteil, dass Sie Termine und gleichzeitig Notizen eintragen können. Erwähnenswert sind hier sogenannte Timer-Würfel, mit denen man sich seine Arbeitszeit perfekt einteilen kann. Sie helfen dabei, sich an eine geplante Zeitstruktur zu halten.
- Die Terminplanung mit Online-Kalendern ist effektiv. Mit der Erinnerungsfunktion verpassen Sie nie wieder einen Termin und können sogar alle Ihre Aufgaben terminiert planen. Für Gruppentermine, wie Seminare oder Meetings, gibt es die Möglichkeit, diese mit den Teilnehmern zu teilen und so terminliche Missverständnisse zu vermeiden. Die beliebtesten sind Google Calender und Outlook. Ein weiterer Vorteil ist die dauerhafte Verfügbarkeit und Aktualität. Trägt man beispielsweise einen Termin am Laptop ein, ist er automatisch auch auf dem Smartphone und anderen Endgeräten.

KAPITEL 2

OPTIMIERUNG DES ARBEITSPLATZES

Christoph (27, Marketing-Spezialist in einem Software-Unternehmen) ist hinter seinen Aktenstapeln kaum noch zu sehen. Seine Tastatur stellt den einzigen Platz dar, der noch frei zugänglich ist. Die Pizza-Verpackung steht dicht gedrängt neben dem Kaffeebecher. Nur ein einziger unbedachter Moment und die braune Flüssigkeit würde sich sowohl über den Pizzaboden als auch über die Tastatur ergießen. Aus dem Lautsprecher am Monitor scheppert blecherne Hardcore-Musik in ohrenbetäubender Lautstärke. Das ist vielen seiner Kollegen ein Dorn im Auge, doch es kümmert ihn wenig. Christophs Bürotür steht Tag und Nacht offen und bietet Störern nicht nur freie Sicht, sondern selbigen auch Zugang. Das ist einer von vielen Gründen, warum der junge Mann nur selten gleich im ersten Ansatz Brauchbares liefert. Meist wird er von seinem Chef zur Nachbesserung gebeten. Das nervt ihn sichtlich und er zeigt leider auch keinerlei Verständnis dafür. Die Jalousien schützen zwar zuverlässig vorm schräg einfallenden Sonnenlicht, doch das grelle Neon-Licht lässt die Augen stets ein wenig zusammengekniffen wirken. Die Luft im Raum ist muffig und abgestanden, scheinbar frei von jeglichem Sauerstoff, dafür jedoch geschwängert von der herb-säuerlichen Geruchsmischung aus Deo, Pizza und Kaffee.

NUR EIN GENIE BEHERRSCHT DAS CHAOS

Zugegeben, für die meisten ist dieses Bild vielleicht ein wenig überspitzt dargestellt. Doch Sie wissen sofort, was damit gemeint ist.

Manchen ist es schlichtweg egal, wie ihr Arbeitsplatz gestaltet ist. Sie können in der kleinsten Nische grandiose Aufgaben bewältigen, glauben sie jedenfalls, wie wir in unserem Beispiel sehen. Andere wiederum benötigen eine fast sterile Umgebung, um effizient arbeiten zu können. Die Realität liegt meist irgendwo zwischen diesen beiden Polen. Zu welchem Arbeitstyp Sie auch gehören mögen: Schaffen Sie sich eine Atmosphäre, in der Sie nicht nur gute Ergebnisse erzielen können, sondern die Sie zu Höchstleistungen befähigt. Schauen wir uns an, was Sie alles tun können, um Ihren Arbeitsplatz zu optimieren und Ablenkungen beim Arbeiten zu vermeiden.

GEGENSTÄNDEN EINE FESTE ORDNUNG GEBEN

Aufgeräumter Tisch, aufgeräumte Gedanken

Der Schreibtisch ist Ihre Visitenkarte. Er ist das Aushängeschild schlechthin. Dabei spielt es keine Rolle, ob Sie mit mehreren Kollegen in einem Raum sitzen, ein Büro für sich allein haben oder zu Hause arbeiten. Wenn Sie morgens zur Arbeit kommen, sehen Sie als erstes Ihren Arbeitsplatz. Daher sollte das Aufräumen der Arbeitsfläche die letzte Handlung am Abend sein.

Verbannen Sie nicht nur herumliegende Zettel und Papierstapel vom Tisch, sondern bitte auch jede weitere Ablenkung. Natürlich ist gegen ein Foto von Familie oder Freunden nichts einzuwenden. Wer Grün mag, kann sich auch eine Pflanze auf den Schreibtisch stellen. Manch einen beruhigt der Blick auf das kleine Stück Natur. Besonders dann, wenn Ihr Büro ansonsten in einer landschaftlich eher kargen Umgebung gelegen ist.

Doch fragen Sie sich, ob der Rest tatsächlich auf Ihrer Schreibtischoberfläche liegen muss. Können Stifte, Locher, Heftgerät und Co. nicht auch in einer Schublade aufbewahrt werden? Brauchen Sie die Ordner unbedingt direkt neben sich? Wenn nicht, sind sie im Aktenschrank oder im Regal besser aufgehoben. Das sorgt gleichzeitig dafür, dass Sie in Bewegung bleiben. Je weniger Ihre Augen an Utensilien auf Ihrem Arbeitstisch hängenbleiben, desto leichter kann sich das Gehirn auf die bevorstehenden Aufgaben konzentrieren. Denken Sie auch an Ihre Kaffeetasse oder andere Getränkebehälter, bevor Sie sich auf den Heimweg machen. Nichts ist unappetitlicher, als am Morgen auf benutztes Geschirr mit eingetrockneten Rändern zu treffen.

Sie arbeiten gern hin und wieder im Stehen? Liegt die Anschaffung des Schreibtisches in Ihrer eigenen Verantwortung, denken Sie über ein höhenverstellbares Modell nach. In einigen Berufen, wie zum Beispiel bei Ingenieuren oder Architekten, die sich mit Zeichnungen beschäftigen, bietet sich eventuell sogar eine kippbare Tischplatte an. Aus einem normalen Tisch wird so mit wenigen Handgriffen ein Stehpult oder Zeichenbrett. Besonders in kleinen Räumen bildet ein solch variables Modell eine echte Alternative zum zweiten Büromöbelstück.

So sitzen Sie richtig

Nicht minder wichtig für die Leistungsfähigkeit bei der Arbeit ist der Bürostuhl. Wie man sich bettet, so sitzt man. Achten Sie darauf, dass Ihre Lendenwirbelsäule optimal gestützt wird. Eine Rückenlehne, die leicht nachgibt, wenn man sich nach hinten lehnt, wirkt sich positiv auf den Arbeitsfluss aus. Zu groß sollte der Spielraum jedoch nicht sein, sonst wird die Flexibilität schnell zum Störfaktor.

Das sogenannte dynamische Sitzen, wie beispielsweise auf einem Sitzball, mag möglicherweise für den Bewegungsapparat von Vorteil sein. Für konzentriertes und fokussiertes Arbeiten hat sich eine solche Sitzweise allerdings nicht bewährt. Daher verzichten Sie lieber darauf und stimmen dafür Ihren Stuhl exakt auf Ihre Körperformen und Größe ab.

Blätterstapel vermeiden

Wer einen Stapel Papier oder Akten auf dem Schreibtisch liegen hat, kann seinen Fokus nicht hundertprozentig auf die Arbeit richten. Werfen Sie lose Blätter, die Sie nicht mehr benötigen, sofort in den Papierkorb oder den Reißwolf. So verhindern Sie am effektivsten, dass sich das Papier türmt und der Berg irgendwann unüberschaubar wird. Werden die Seiten noch gebraucht, sortieren Sie sie in die zugehörigen Ordner. Gibt es diese nicht, eignen sich auch Hängemappen, Eckspanner oder Einlegefolien als Aufbewahrungsort. Bewährt haben sich ebenfalls Briefablagekörbe. Beschriften Sie sie, finden Sie das Gesuchte stets ohne große Mühe wieder und Ihr Tisch sieht ordentlich und aufgeräumt aus.

Haftnotizen

Sollten Sie die Angewohnheit haben, sich über Tag Notizen auf Klebezettel zu schreiben, dann entsorgen Sie diese sofort nach Erledigung der darauf stehenden Aufgabe. Andernfalls übertragen Sie spätestens am Abend offene Themen in Ihren Terminplaner oder Ihr Notizheft. In Letzteres können Sie die kleinen Notes auch einfach hineinkleben. Am Bildschirm oder auf dem Schreibtisch haben die bunten Zettelchen jedenfalls nichts zu suchen. Der Monitor ist keine Pinnwand, auch nicht kurzzeitig. Telefonnummern oder Termine sollten nur im äußersten Notfall überhaupt auf Haftnotizen landen. Wenn Sie sich angewöhnen, sie stets sofort ins Adressbuch, Handy oder den Kalender einzugeben, sparen Sie sich nicht nur die Zeit zum Übertragen, sondern auch jede Menge Papier. Sie haben viele Kunden, die Ihnen ihre Visitenkarten zukommen lassen? Auch diese kleinen Kärtchen haben nichts auf der Ablagefläche zu suchen, schon gar nicht als lose Sammlung. In diesem Fall lohnt sich vielleicht die Anschaffung einer Visitenkartenbox oder einer Rollkartei. Ihr Schreibtisch wird es Ihnen ebenso danken wie Ihre Konzentrationsfähigkeit.

DIGITALE ORDNUNG ERMÖGLICHT KONZENTRIERTES ARBEITEN

Desktop aufräumen

Nicht nur die Hardware bedarf einer soliden Grundordnung. Auch auf Ihrem PC oder Laptop sollte es übersichtlich und ordentlich sein. Der Desktop spiegelt Ihren Schreibtisch. Dort haben nur die Dinge etwas zu suchen, die Sie für Ihre momentane Tätigkeit benötigen. In vielen Firmen ist eine Ordnerstruktur vorgegeben. Gewöhnen Sie sich an, jede Datei gleich nach Erstellung in den dafür vorgesehenen Ordner zu legen.

Arbeiten Sie ohne Netzwerk in einem Unternehmen oder sind Sie als Einzelkämpfer selbstständig, dürfen Sie sich Ihre Ordner selbst anlegen. Gehen Sie dabei genauso strukturiert vor, wie Sie es mit einem physischen Aktenordner auch tun würden. Was abgelegt ist, wird zum einen leichter gefunden und lenkt zum anderen nicht von der nächsten Aufgabe ab. Überprüfen Sie von Zeit zu Zeit, ob sich Dateien auf Ihren Monitor „geschmuggelt" haben, die dort nicht hingehören.

Haben Sie eine Vorliebe für Bildschirmschoner oder -hintergründe, suchen Sie sich ein beruhigendes Motiv aus. Zu grelle Farben oder Muster ziehen immer wieder den Fokus von der eigentlichen Arbeit weg. Auf eine Diashow sollten Sie zugunsten Ihrer Konzentrationsfähigkeit ohnehin verzichten.

Mails strukturieren und gebündelt bearbeiten

Es ist mehr als eine lästige Marotte, zu jeder Zeit Mails zu checken und sie zu beantworten, sobald Sie im virtuellen Postfach landen. Wenn Sie so agieren, haben Sie nicht die geringste Chance, konzentriert zu arbeiten. Das Lesen und Beantworten von Mails darf natürlich eine feste Größe in Ihrem Tagesablauf einnehmen. Planen Sie hierfür konkrete Zeitblöcke ein. Ihr Chef erwartet jederzeit eine sofortige Antwort auf seine Mails? Sprechen Sie ihn gezielt und sachlich darauf an. Machen Sie ihm ohne Vorwurf klar, dass Sie immer wieder aus Ihrer Arbeit gerissen werden, wenn Sie ständig auf eingehende Mails achten müssen. Auf diese Weise sind Sie nicht in der Lage, sich auf Ihr Tun zu konzentrieren und gute Leistungen zu erbringen. Das wird ein guter Vorgesetzter sicherlich einsehen.

Sollten Sie eher selten Mails erhalten oder sich in einem akuten Projekt befinden, welches Ihre gesamte Aufmerksamkeit erfordert, hinterlegen Sie eine Abwesenheitsnotiz. Dies kann für bestimmte Stunden, Tage oder einen gewissen Zeitraum erfolgen. Damit weiß der Mailempfänger sofort, dass Sie zurzeit nicht oder nur eingeschränkt erreichbar sind. Er wird dann sicher nicht mit einer sofortigen Antwort rechnen und Sie können ungestört arbeiten.

Handy in den Flugmodus schalten

WhatsApp, Facebook oder die Eilmeldung des Tages: Was für die Ablenkung durch Mails gilt, hat dieselbe Gültigkeit auch für Nachrichten am Handy. Das Beste wäre natürlich, Sie lassen Ihr Handy gleich in der Tasche liegen. So kommen Sie gar nicht erst in Versuchung, ständig nach Neuigkeiten zu schauen. Wussten Sie, dass der Mensch durchschnittlich alle 20 Minuten auf sein Handy sieht? Es steht wohl außer Frage, dass diese permanente Ablenkung kein Garant für Konzentration am Arbeitsplatz ist.

Sinnvoll ist es auch, Ihr Handy in den Flugmodus zu schalten. Ist dies aus nachvollziehbaren Gründen nicht möglich, dann stellen Sie das Mobiltelefon wenigstens stumm. Machen Sie es wie mit den Mails: Checken Sie Ihre Nachrichten in einem bestimmten, vorher festgelegten Rhythmus und Zeitfenster. Ach ja, und tun Sie das keinesfalls während Ihrer Pausen. Darauf kommen wir in Kapitel 9 noch ausführlicher zu sprechen.

DIE RICHTIGE UMGEBUNG FÜR MEHR KONZENTRATION

Lärmpegel senken

Sie müssen sich Ihr Büro mit anderen Kollegen teilen? In diesem Fall sind Umgebungsgeräusche nur schwerlich zu vermeiden. Doch selbst dann, wenn Sie einen Raum für sich allein haben, ist es mitunter unmöglich, Ruhe zu finden. Die Gründe hierfür können vielfältig sein. Vielleicht leben Sie in der Nähe einer Schule oder eines Kindergartens, wo lärmende Kinder zum Alltag gehören. Eine Bahnstrecke oder stark befahrene Straße in unmittelbarer Nähe können ebenfalls Auslöser gravierender Lärmbelastung sein. Ja, sogar in einer ländlichen Umgebung ist es nicht zwangsläufig still. Haben Sie in den Morgenstunden schon einmal Vögeln beim Zwitschern zugehört? So toll das auch klingen mag, der Lärmpegel ist enorm hoch und kann Sie nicht nur vom Ausschlafen, sondern auch vom Denken und ungestörten Arbeiten abhalten.

Wenn Sie Ruhe brauchen, um sich konzentrieren zu können, bieten geräuschunterdrückende Kopfhörer eine sinnvolle Abhilfe, um den Alltagslärm auszuschalten. Es braucht vielleicht ein bisschen Zeit, um sich an den Fremdkörper auf den Ohren zu gewöhnen, doch ein Versuch lohnt sich. Der Vorteil ist: Ihre Umgebung sieht sofort, dass Sie nicht gestört werden möchten. Das hält möglicherweise auch den einen oder anderen Kollegen davon ab, auf einen kleinen Plausch zu Ihnen an den Arbeitsplatz zu kommen.

Musik versus absolute Stille

Ob sich jemand mit Musik vollständig auf seine Aufgabe konzentrieren kann oder die totale Geräuschlosigkeit benötigt, hängt vom jeweiligen Arbeitstyp ab. Manche Menschen stört bereits das kleinste Rascheln, ganz zu schweigen von einem vorbeifahrenden Zug oder Musik. Andere wiederum laufen gerade bei Letzterem erst richtig zur Höchstform auf. Inzwischen gibt es sogar eigens für die passende Geräuschkulisse am Arbeitsplatz maßgeschneiderte Tools, die die Aufmerksamkeit bis zu sagenhaften 400 % steigern können. Zwei davon werden am Ende des Kapitels in der Rubrik Tools genauer vorgestellt.

Wie die Luft zum Atmen

Können Sie an einem stickigen muffigen Ort klar denken? Sollten Sie jetzt enge Kellerräume oder nach Benzin riechende, mit allerlei Krimskrams vollgestellte Garagen vor Augen haben, in denen die Genies von morgen geboren werden: Lösen Sie sich am besten gleich wieder von dieser Supergrips-Romantik. Das Gehirn braucht

Sauerstoff. Nicht nur zum reinen Überleben des Organismus, sondern auch für optimale Denkprozesse.

Steht Ihnen ein Fenster zur Verfügung, öffnen Sie es regelmäßig und versorgen Sie Ihren Arbeitsbereich mit frischer Luft. Nach einem zehnminütigen Stoßlüften werden Sie merken, dass Sie wacher und konzentrierter wieder an Ihre Aufgaben zurückkehren können. Nutzen Sie die kurze Pause auch gleich zum Durchatmen. Saugen Sie die Luft durch die Nase tief ein und lassen Sie sie durch den offenen Mund hörbar entweichen. Die Sauerstoffdusche lädt Ihre Gehirnzellen spürbar und nachweislich mit neuer Energie auf.

Natürliches Licht

Ein weiterer Ansatzpunkt ist die Lichtquelle. Natürliches Tageslicht trägt am effizientesten zur Konzentration bei, das steht außer Frage. Besitzt Ihr Arbeitsraum also ein oder mehrere Fenster, nutzen Sie das einfallende Licht geschickt aus. Stellen Sie Ihren Schreibtisch so auf, dass Sie selbst nicht geblendet werden. Den Laptop oder Monitore richten Sie ebenfalls nach dem Stand des Tageslichtes aus.

Auch wenn es die rühmlichen Ausnahmen gibt, die behaupten, nachts am besten denken und arbeiten zu können: Der menschliche Biorhythmus sagt etwas anderes. Mit abnehmendem Tageslicht verringert sich auch der Botenstoff Histamin im Organismus. Dieser gilt, ebenso wie das Hormon Orexin, als Wachmacher. Mit zunehmender Dunkelheit wird der Körper also zwangsläufig müder. Die Konzentration bleibt nach und nach auf der Strecke. Das ist auch der Grund, warum wichtige Projektabschlüsse niemals in den Abend- oder Nachtstunden erfolgen sollten. Schlechte Nachrichten für Eulen und Nachtarbeiter.

AUF DEN PUNKT GEBRACHT

Wie Sie sehen, gibt es jede Menge Faktoren rund um Ihren Arbeitsplatz, die Ihre Konzentrationsfähigkeit beeinflussen. Hier sind die wichtigsten Punkte noch einmal für Sie zusammengefasst:

- Schreibtisch tipp topp in Ordnung halten – spätestens zum Feierabend aufräumen.
- Alles Überflüssige vom Tisch entfernen – Zettel, Haftnotizen, Visitenkarten usw. einsortieren oder entsorgen.
- Den passenden Stuhl wählen oder im Stehen arbeiten.
- Desktop regelmäßig aufräumen – Ordnerstruktur anlegen und sinnvoll nutzen.
- Mails gebündelt beantworten – Abwesenheitsnotiz einrichten, Zeitfenster schaffen.
- Handy auf stumm oder in den Flugmodus schalten – mit Nachrichten wie mit Mails verfahren.
- Die richtige Arbeitsatmosphäre schaffen – für Frischluft sorgen, Lärm vermeiden, natürliche Lichtquellen bevorzugen.
- Es gibt mehrere Webseiten, mit denen man Sounds aus der Natur (Regen, Gewitter, Wellenrauschen, usw.) abspielen kann. Eine davon ist Noisli, die außerdem noch eine Browser-Extension und eine App anbietet. Manchen Menschen hilft das beim Fokus.
- Wer lieber Musik beim Arbeiten hört, sollte sich mal auf Spotify nach Fokus- oder Produktivitäts-Playlists umschauen. Musik ist allerdings nicht für jeden förderlich für das konzentrierte Arbeiten.

Wenn Sie diese Tipps beherzigen und Ihren Arbeitsplatz entsprechend optimieren, haben Sie sich schon einen Großteil bestmöglicher

Voraussetzungen geschaffen, um konzentriert und leistungsfähig zu arbeiten.

TOOLBOX

Ablenkung durch Newsfeeds vermeiden (App + Browser-extension)

Als besonders hilfreich hat sich das Isolieren von unserer digitalen Umwelt gezeigt. Dafür gibt es eine ganze Handvoll Apps, die das Handy nicht nur lautlos schalten, sondern ganze Nachrichten unterdrücken und den Newsfeed leer lassen. Eine davon ist OFFTIME.

Auch für den Computer kann man sich dieses System zunutze machen. In Form einer Browserextension mit dem Namen News Feed Eradicator. Dieser funktioniert allerdings nur für Facebook, wobei das auch das einzige Soziale Netzwerk mit Newsfeed ist, welches hauptsächlich am Computer genutzt wird. Mit dieser Extension verschwindet alles mit Ablenkungspotential von der Facebook-Oberfläche und wird durch ein inspirierendes Zitat ersetzt.

Der richtige Arbeitsplatz

Oft wird die Wichtigkeit der perfekten Einrichtung des Arbeitsplatzes unterschätzt. Achten Sie darauf, einen rückenschonenden Stuhl zu verwenden und Ihre Arbeitsmittel so hoch vor sich zu platzieren, dass Sie automatisch eine aufrechte Position einnehmen. Abgesehen davon, sollte auch der Arbeitsplatz frei von ablenkenden Gegenständen und aufgeräumt sein.

Geräuschunterdrückende Kopfhörer

Ursprünglich wurden Kopfhörer mit geräuschminimierender Wirkung entwickelt, um Astronauten vor der Lautstärke beim Raketenstart zu schützen. Mittlerweile hat Active Noise Cancellation (ANC) auch den normalen Verbrauchermarkt erreicht. Bei der In-Ear-Variante werden die Ohrstöpsel tief in Ohrmuschel eingesetzt. Die Geräuschunterdrückung ist von der Qualität des verwendeten Materials abhängig. Over-Ear-Kopfhörer bedecken das gesamte Ohr und schließen Geräusche zuverlässig aus. Die Preisspanne einzugrenzen, ist unmöglich, da es solche Kopfhörer schon im zweistelligen Bereich gibt, Sie können aber auch hohe dreistellige Summen ausgeben. Eine günstige Variante gibt es von Sony (MDR-ZX110NA). Wenn Sie etwas mehr ausgeben möchten, bietet sich die beliebte Bose QuietComfort-Reihe an. Das Ende der Fahnenstange (auch finanziell) könnte die Bang&Olufsen-Serie BeoPlay sein.

Focus at will

Mit den Kompositionen dieser Musiksoftware nach neurowissenschaftlichen Forschungsmaßstäben soll sich die Konzentrationsphase bei der Arbeit um das Vierfache ausdehnen lassen. Wie bei vielen Tools kostet die Basisversion nichts. Bei der Professional-Version ist das anders.

KAPITEL 3

ROUTINEN UND RITUALE

Lena ist freischaffende Autorin und arbeitet seit Jahren sehr erfolgreich von zu Hause aus. Sie veröffentlicht regelmäßig Ratgeber rund um das Thema Selbstmanagement, die schon öfter in Bestsellerlisten aufgetaucht sind. Lena hat ihr Hobby zum Beruf gemacht und kann heute sehr gut davon leben. Die Zusammenarbeit mit ihrer Agentur und den Verlagen verläuft komplikationslos und inzwischen sucht sie sich ihre Aufträge sogar aus. Doch das war nicht immer so. Als sie ihren Angestellten-Job an den Nagel hing, um fortan selbständig zu schreiben, lief erst einmal alles aus dem Ruder. Es gab Monate, da wusste die Mittdreißigerin nicht einmal, wie sie die nächste Miete aufbringen sollte. In manchen Wochen aß sie nichts weiter als Nudeln mit Ketchup. Sie kämpfte um jeden noch so kleinen Auftrag und nahm alles an, was sich ihr bot. Oft lag ihr das Thema überhaupt nicht, doch sie durfte nicht wählerisch sein.

Bis Lena ein Licht aufging. Sie schrieb zwar darüber, wie man sich am besten selbst organisiert. Deshalb kannte sie sich theoretisch richtig gut aus. Doch in der Praxis beherzigte sie nicht einen einzigen ihrer Ratschläge. Da sie gern in Notizbücher schrieb, kaufte sie sich anfangs ein günstiges Heft, setzte sich an ihren Schreibtisch und überlegte. Sie analysierte ihren Tagesablauf und stellte fest, dass sie viel zu viel dem Zufall überließ. Hatte sie keine Lust zum Schreiben, was trotz ihrer großen Leidenschaft für die Schriftstellerei leider häufig vorkam, ließ sie sich nur allzu gern ablenken. Ein Telefonat, eine Mail, ein Anruf … das alles waren für sie willkommene Abwechslungen, die sie vom Schreibtisch weglockten. Kein

Wunder, dass auf diese Weise keine kontinuierliche Leistung zu erwarten war.

Lena notierte sich alles, was ihren Arbeitsalltag ausmachte. Das fing beim Frühstück an und zog sich oft bis in die Nachtstunden. Das wollte sie ändern. Sie wollte eine klare Struktur in ihre Arbeit bringen. Ganz so, wie sie es auch früher im Büro getan hatte. Nach dem Aufschreiben erkannte sie das Muster. Zu viele Pausen, zu wenig Konzentration, keine angemessene Würdigung ihrer Arbeit durch sie selbst. Innerhalb kurzer Zeit gestaltete Lena ihren Arbeitsplatz so, dass sie nicht mehr durch Sehen, Hören oder Riechen abgelenkt war. Dazu plante sie Ihre Arbeitsabläufe systematisch durch. Es dauerte nicht lange und sie saß nicht nur täglich zur gewohnten Stunde am Schreibtisch. Sie wurde konzentrierter und fokussierte sich auf die vor ihr liegende Aufgabe. Sie arbeitete nach einem festen Rahmen und konnte alsbald den Feierabend und die Wochenenden als freie Zeit genießen. Sie lieferte der Agentur pünktlich die Inhalte ihrer Ratgeber und erhielt zielgerichtet Folgeaufträge, die ihr großen Spaß machten. Sie verstand endlich, warum sie früher scheinbar nichts zu Wege brachte und nun alles beinahe wie von selbst lief. Festgelegte Routinen und Rituale halfen ihr dabei, ihre Aufträge effizient abzuarbeiten und termingerecht fertigzustellen.

WAS SIND ROUTINEN?

Das ist die Essenz, die aus den beiden ersten Kapiteln hervorgeht. Sie kennen Ihre Arbeitsabläufe und haben sie nach Wichtigkeit und Dringlichkeit sortiert. Ihren Arbeitsplatz haben Sie nach den Anregungen in Kapitel zwei gestaltet. Nun sind Sie bereit für Schritt Nummer drei: das Etablieren von Routinen und Ritualen.

Klären wir zunächst einmal, was Routine nicht ist. Routinen sind weder ein Sinnbild für Langeweile noch für Monotonie. Im Arbeitsalltag gibt es Aufgaben, die täglich erledigt werden müssen. Sie gehören zu Ihrem Tätigkeitsfeld und haben ihren festen Platz in Ihrer Arbeit. Ein kluges Sprichwort lautet „Alles, was getan werden muss; ist es wert, gut getan zu werden.“ Wenn nun Routinen oftmals nicht gerade zu den Herausforderungen zählen, die Ihren Mut und Ihre Kreativität auf den Prüfstand stellen, sollten sie doch mit ernstzunehmender Gewissenhaftigkeit ausgeführt werden.

Abläufe, die sich stets wiederholen und keiner bewussten Entscheidung mehr bedürfen, nennt man Routinen. Aus den meisten Routinen werden über die Jahre Rituale. Diese können sogar richtig Spaß machen. Befreien Sie sich vom Gedanken langweiliger Routineaufgaben und entdecken Sie, wie spannend Rituale sein können.

WELCHEN NUTZEN HABEN ROUTINEN?

In erster Linie beanspruchen sie unser Gehirn nach ihrer Etablierung nur noch geringfügig. Bestes Beispiel hierfür ist das morgendliche Zähneputzen. Möchten Sie jeden Tag aufs Neue darüber nachdenken müssen, wie und in welcher Reihenfolge Sie Ihre Zähne putzen? Sie haben es irgendwann in Ihrer Kindheit gelernt. Ihre Eltern oder andere wichtige Bezugspersonen haben Ihnen beigebracht, wie Sie die Zahnbürste halten müssen. Sie lernten, wie die Zahnpasta auf der Bürste haften bleibt. Und schließlich zeigte man Ihnen, wie Sie mit kreisförmigen Bewegungen erst die Außenseite der Zähne reinigen und sich danach zu den Kauflächen und Innenseiten vorarbeiten. Die ersten Male war das gar nicht so einfach, nicht wahr? Doch eines

Tages dachten Sie nicht mehr über die Putzanleitung nach, sondern putzten einfach. Das war der Moment, in dem sich aus einer anfangs schwierigen Technik eine leicht anwendbare Routine entwickelte.

Genau das ist der große Vorteil von Routinen. Wenn Sie bestimmte wiederkehrende Abläufe verinnerlicht haben, erfordert die Ausführung irgendwann keinerlei Anstrengung mehr und auch kaum noch Konzentration. Sie können für das Wort Routine auch Gewohnheit einsetzen. Wenn Sie nun noch die einzelnen Tätigkeiten einer Gewohnheit mit einer bestimmten Tageszeit und / oder Umgebung verbinden und für einige Zeit dabeibleiben, haben Sie ein Ritual entwickelt.

WAS SIND RITUALE?

Während Routinen Arbeitsabläufe darstellen, die oft unbewusst ausgeführt werden, benötigen Rituale Ihr Bewusstsein. Das bedeutet nicht, dass Sie hochkonzentriert sein müssen, um Rituale durchzuführen. Sie müssen nur mit dem Verstand registrieren, dass das, was Sie tun, Absicht ist. Sie möchten eine Aufgabe auf eine ganz bestimmte Art und Weise erledigen.

Mails zu beantworten, ist für Sie wahrscheinlich Routine. Sie brauchen nicht bei jeder Mail zu überlegen, wie Sie Wörter schreiben oder Anhänge einfügen müssen. Es wurde Ihnen gezeigt, Sie haben es sich gemerkt, mehrere Male geübt und nun können Sie es, ohne großartig nachzudenken. Wollen Sie nun aus dieser Gewohnheit ein Ritual machen, dann fangen Sie beim Zeitmanagement an. Beantworten Sie Mails immer zur gleichen Tageszeit. Vielleicht nach dem Mittagessen, da ist die Konzentrationsfähigkeit ohnehin noch etwas schwach ausgeprägt. Holen Sie sich einen Kaffee oder einen Tee. Setzen Sie sich entspannt an den Schreibtisch und legen Sie los. Manche bevorzugen es, erst einmal alle eingegangenen Mails zu überfliegen. Danach entscheiden Sie, welche Mail sie zuerst beantworten möchten und tun dies. Das Ritual hieße in diesem Fall, Mails nach Priorität zu beantworten. Andere wiederum gehen strikt nach Eingangsreihenfolge vor. Sie möchten keinen Mailschreiber durch eine eventuelle Wertung benachteiligen. Auch das kann ein Ritual sein. Für welche Variante Sie sich entscheiden, bleibt Ihnen überlassen. Wenn Sie fertig sind, lehnen Sie sich zurück, verschränken Ihre Hände hinter dem Kopf und atmen tief ein und aus. Wenn Sie dabei noch lächeln, spüren Sie eventuell, wie Sie ein Glücksgefühl über die geschaffte Routinearbeit durchströmt. Absolvieren Sie diese Arbeitsabläufe jeden Tag und schon haben Sie aus der Gewohnheit ein Ritual gemacht.

HELFEN ROUTINEN UND RITUALE DABEI, KONZENTRIERTER ZU ARBEITEN?

Ja, das tun sie. Wie Sie in Kapitel 9 noch ausführlich lesen werden, kann sich ein Mensch nur für eine bestimmte Zeitspanne wirklich auf eine Sache konzentrieren und fokussieren. Es ist also utopisch anzunehmen, dass Sie den ganzen Tag über hochkonzentriert Ihren Aufgaben nachgehen können. Kleine Pausen zwischen den Arbeitseinheiten helfen dabei, sich wieder zu regenerieren und sich dann mit neuer Konzentration der nächsten Aufgabe zu widmen.

Routinen sind wie Pausen in Aktion. Auch hierbei ist das Gehirn zwar nicht untätig, entspannt aber, weil es nicht ständig hundertprozentig bei der Sache sein muss. Sind Sie schon einmal eine längere Strecke mit dem Auto gefahren und fragten sich an einem bestimmten Punkt, wie Sie eigentlich dorthin gekommen sind? Gewohnheit hat Sie an diese Stelle gebracht. Sie haben sich nur unterschwellig auf das Fahren konzentriert, da Sie bereits ein geübter Fahrer sind und die Abläufe und vielleicht auch die Strecke gut kennen. Hätten Sie ein Hindernis vor sich gehabt, wären Sie wahrscheinlich innerhalb kürzester Zeit wieder fokussiert und aufmerksam gewesen. Da dies auf dem zurückgelegten Streckenabschnitt offenbar nicht der Fall war, konnte sich Ihr Gehirn einfach auf Ihre Fahrkenntnisse verlassen und sich teilweise anderen Dingen widmen.

RITUALE UND ROUTINEN ERLEICHTERN DAS LEBEN

Schauen Sie mal genauer hin. Unser Leben steckt voller Routinen. Fast jedes Paar schwört sich am Anfang einer Beziehung, sich niemals in Routinen zu verstricken, die das Leben angeblich trist und grau machen. Was sie jedoch in Wirklichkeit mit dieser Aussage meinen: Sie möchten sich gegenseitig nicht gleichgültig oder selbstverständlich werden. Routinen und daraus resultierende Rituale hingegen tun einer Beziehung sogar gut.

Wenn beide Partner die ganze Woche vor lauter Arbeit kaum noch Land sehen, dann freuen sie sich in der Regel riesig auf das gemeinsame Wochenende. Zusammen frühstücken, gemeinsam einkaufen oder kochen, Freunde besuchen oder Gäste zu sich nach Hause einladen: All das verläuft doch meistens nach dem gleichen Schema. Selten ändert sich etwas an den Gewohnheiten, die beide liebgewonnen haben.

Noch eingespielter sind Familien mit Kindern. Der Stundenplan des Nachwuchses, die Hausaufgaben und außerschulische Aktivitäten schreien geradezu nach schematisierten Abläufen. Das alles sind Routinen und sie gestalten das Alltagsleben angenehm und verlässlich. Dazu gehört bei kleineren Kindern auch das Vorlesen oder Geschichtenerzählen abends vorm Zubettgehen. Am Wochenende, wenn beide Elternteile zu Hause sind und Zeit für die Familie haben, wird nicht selten ein Ausflug mit allen Familienmitgliedern unternommen. Schon die Vorbereitung darauf läuft fast immer nach unbewusst geregelten Prinzipien.

Ohne Rituale wäre das Leben eine Achterbahn. Das mag zwar im ersten Moment aufregend klingen, bedeutet jedoch normalerweise Stress pur. Wenn nichts seinen gewohnheitsmäßigen Gang geht, muss das Gehirn 24 Stunden am Tag Höchstleistungen vollbringen. An erhöhte Konzentration in bestimmten Situationen wäre nicht einmal ansatzweise zu denken. Umso wichtiger ist es, nicht nur in Ihre Arbeitsabläufe Struktur zu bringen, sondern in den gesamten Tagesverlauf.

NÜTZLICHE ROUTINEN UND RITUALE IM ALLTAG

Das Zähneputzen morgens und abends ist nur eine von zahlreichen Routinen. Nutzen Sie die drei Minuten vorm Waschbecken doch gleich noch für Ihre Fitness. Stellen Sie sich auf die Zehenspitzen, halten Sie sich für zehn Sekunden aufrecht und rollen Sie dann wieder ab, bis Sie mit der ganzen Fußsohle den Boden berühren. Leichte Kniebeugen eignen sich ebenfalls hervorragend als ritualisierte Zwischenübung. Lehnen Sie sich mit dem Rücken an die Wand und schieben Sie sich nach unten, bis Ihre Beine einen Winkel von 90° erreicht haben. Die

Anspannung so lange halten, wie Sie können und dann wieder in die Ausgangsstellung zurück. So wird eine Routine zum Ritual.

Wenn Sie mit dem Auto zur Arbeit fahren, versuchen Sie es doch mal mit Hörbüchern. Gemeint sind keine Geschichten, sondern etwas, was Ihren Geist anregt. Sie lernen dabei Neues, erweitern Ihren Horizont und verkürzen die Fahrzeit auf angenehme Weise. Sie werden sehen, Staus und Ampeln nerven Sie ab sofort nicht mehr. Im Gegenteil, Sie freuen sich insgeheim sogar über die unverhoffte Extrahörzeit. Mit Kopfhörern funktioniert das natürlich auch in öffentlichen Verkehrsmitteln. Hier können Sie noch einen Schritt weitergehen. Lassen Sie Ihrer Ideenvielfalt und Ihrer Spiellaune freien Lauf. Prägen Sie sich die Stationen ein, die Sie bis zur Arbeit zurücklegen. Nach ein paar Wochen schließen Sie die Augen und versuchen Sie sich zu orientieren, wo Sie sich gerade befinden. Aus einer nicht gerade vor Aufregung strotzenden Bus- oder Bahnfahrt wird so ein stimmungsaufhellendes Ritual. Zudem ist das Gehirnjogging vom Feinsten und trainiert Ihre Merkfähigkeit sowie die Konzentration optimal.

Nach getaner Arbeit gönnen Sie sich bewusst einen erholsamen Feierabend. Doch statt üppigen Abendessens und Fernsehens bis zum Komaschlaf, wäre ein Spaziergang eine wesentlich bessere Alternative. Das Gehen in der Natur senkt das Adrenalin und den Puls. Haben Sie vielleicht sogar einen Hund? Dann rentiert sich die Frischluftdusche gleich doppelt. Ihr Haustier freut sich schon bei Ihrem Heimkommen auf das tägliche Ritual am Abend. Und Sie können sich das Fitnessstudio sparen – eine klassische Win-Win-Situation.

Sie sind abends zu kaputt, um noch nach draußen zu gehen? Sie möchten lieber die Füße hochlegen und relaxen? Auch gut! Verbinden

Sie das körperliche Ausruhen doch mit einer Meditation. Das trainiert sowohl die Konzentrationsfähigkeit und hilft gleichzeitig beim Abschalten vom Tagesgeschehen. Es gibt kaum ein besseres Ritual, um sich auf die wohlverdiente Nachtruhe vorzubereiten. Die Gedanken kommen zur Ruhe und Ihr Körper ebenfalls.

Sind Sie immer noch der Meinung, dass Routinen langweilig sind?

RITUALE UND ROUTINEN BEI DER ARBEIT

Was können Sie bei der Arbeit noch zur Routine machen, außer Mails nach einer festgelegten Struktur zu bearbeiten? Sind Sie Führungskraft? Falls ja, kommen Sie nicht umhin, sich regelmäßig mit Ihren Mitarbeitern zu treffen und ein Brainstorming abzuhalten. Integrieren Sie das doch gleich als festen Punkt in Ihren täglichen Arbeitsablauf. Je regelmäßiger Sie sich treffen, umso gezielter können Sie Themen ansprechen. Sie sind stets über den Stand Ihrer Mitarbeiter informiert und können bei eventuell auftretenden Problemen schnell reagieren. Legen Sie fest, wie das Jour Fixe ablaufen soll und halten Sie sich an diese Festlegung. Schon haben Sie ein Ritual etabliert.

Der eigene Arbeitsplatz ist prädestiniert für Routine und Ritual. Machen Sie es sich, wie in Kapitel 2 beschrieben, zur Gewohnheit, Ihren Schreibtisch jeden Tag kurz vor dem Feierabend komplett leer zu räumen. Okay, das Familienfoto darf natürlich stehenbleiben. Laptop bzw. Monitor, Tastatur und Maus ebenso. Alles andere wird aufgeräumt und verstaut. Ist der Tisch leer, nehmen Sie sich Ihren Terminplaner, Kalender oder ein Notizbuch zur Hand. Lassen Sie Ihren Arbeitstag Revue passieren. Was ist Ihnen gut gelungen? Sind

Sie vielleicht sogar stolz auf eine Leistung, die Sie heute vollbracht haben? Gibt es etwas, was Sie beim nächsten Mal anders angehen würden? Schreiben Sie es auf.

Bevor Sie das Büro verlassen und sich auf den Weg nach Hause zu Ihren Lieben machen, gehen Sie noch die Aufgaben für morgen durch. Sie sind ja inzwischen daran gewöhnt, alles niederzuschreiben. Machen Sie sich einen Spaß daraus, sich eine der Methoden aus Kapitel 1 zur Priorisierung Ihrer Aufgaben und Termine herauszupicken. Sie können selbstverständlich immer nach dem gleichen Prinzip vorgehen. Das ist dann ein striktes Ritual. Experimentierfreudigere Naturen testen vielleicht mehrere Techniken aus. Tun Sie das so lange, bis Sie Ihr Optimum gefunden haben und bei diesem bleiben möchten. Oder aber Sie wählen die Methode nach dem Wochentag aus. Das bringt das Gehirn in Schwung und macht einen Riesenspaß.
Auch Morgen- und Abendroutinen sind besonders effektiv für erfolgreiche Tage. Morgenroutinen befreien Sie von Schläfrigkeit und motivieren Sie für den anstehenden Tag. Abendroutinen nehmen Ihnen im positiven Sinne den Wind aus den Segeln und lassen Sie zur Ruhe kommen. So können Sie die Abendstunden stressfrei verbringen und einen erholsamen Schlaf einleiten. Hier zwei bewährte Beispiele:

Morgenroutine

Schlaf

Sie sollten, abhängig von Ihrem Biorhythmus, 7 bis 9 Stunden schlafen. Im Normalfall, weckt der Körper Sie dann auch von allein. Da es natürlich nicht immer möglich ist, die volle Schlafenszeit auszukosten, benutzen Sie sicher einen Wecker.
Der Ton des Weckers hat einen großen Einfluss auf Ihre Stimmung

nach dem Aufstehen. Achten Sie also auf folgende Faktoren: Tonalität, Lautstärke, Emotion und Taktzahl.
Direkt nach dem Aufstehen sollten Sie immer sofort Ihr Bett machen. Warum? Weil das der erste Sieg gegen Trägheit und Unordnung ist. Somit ebnen Sie den Weg für weitere solcher Siege im Laufe des Tages.

Wasser (innerlich / äußerlich)

Für gewöhnlich trinkt man im Schlaf nicht. Was passiert also, wenn man 7 bis 9 Stunden nichts trinkt? Der Körper dehydriert und ist auch nach dem Aufwachen nicht voll funktionsfähig. Ein Glas Wasser (0,3 bis 0,4 Liter) füllt die Zellen und weckt den Körper von innen.
Den Körper von außen zu wecken ist dagegen nicht so angenehm. Eine durchweg kalte Dusche bringt Sie richtig in Fahrt. Der physische Bruch des Status quo bedeutet nicht nur einen weiteren Sieg über die Gemütlichkeit, sondern gibt auch den Startschuss für neue Gedanken und klares Handeln.
Tipp: Es ist Ihnen zu kalt? Sehen Sie es positiv und nutzen Sie die Umstände, um aus dem Duschen einen kurzen Kickstart in den Tag zu machen, anstatt einer lauwarmen Zeitverschwendung.

Meditation

Meditieren ist sehr effektiv, aber auch sehr individuell. Am besten ist hier, wenn Sie verschiedene Methoden ausprobieren und herausfinden, welche für Sie am besten ist. Hilfreich sind Apps, wie zum Beispiel 7mind.
Meditation ist das Geheimnis vieler erfolgreichen Menschen, da es folgende Effekte hervorrufen kann:

- Beobachtung eigener Gedanken
- die Fähigkeit, den Fluss des Tages anzuhalten

- bewusst den Moment wahrzunehmen
- Distanzierung von der Umwelt und Perspektivenwechsel

Journaling

Wie zuvor erwähnt sind Journals sehr wertvoll. Der Umgang mit ihnen ist jedoch wie bei der Meditation, sehr individuell. Die meisten schreiben morgens auf, wofür sie an diesem Tag dankbar sind und abends das, worauf sie stolz sind. Es gibt aber auch viele weitere Möglichkeiten, ein Journal zu nutzen, wie in Kapitel 1 beschrieben. Das Prinzip dahinter ist Visualisierung.

Frühstück

Ein ausgewogenes Frühstück ist für viele unabdingbar. Empfehlen kann man hier nichts, aber frisches Obst und ausgewogene Ernährung sind immer wichtig.
Wie Sie durch Verzicht auf Frühstück nach dem Prinzip des intermittierenden Fastens ebenfalls Ihre Konzentration und Leistungsfähigkeit steigern, erfahren Sie an einem späteren Punkt in diesem Ratgeber.

Sport

Frühsport ist keine neue Idee und das aus gutem Grund. Morgens Sport zu machen, aktiviert den Körper, die Muskeln und Zellen. Darüber hinaus werden Dopamin und Serotonin ausgestoßen, was einen ausgesprochen positiven Effekt zur Folge hat.
Sie können dabei Musik hören, aber auch Podcasts.

Abendroutine

Ausschalten

Legen Sie am besten schon morgens fest, wann für Sie an diesem Tag Feierabend ist. Schalten Sie dann den Computer komplett aus.
Nehmen Sie sich einen Moment Zeit, den Tag in Ihrem Journal zu reflektieren und eine To-do-Liste für den nächsten Tag zu erstellen. Mit dem Schließen des Journals sollte der Arbeitstag für Sie beendet sein. Es folgt direkt das Ausschalten des Telefons oder zumindest die Aktivierung des Flugmodus. Machen Sie es sich zur Regel, mindestens eine Stunde vor dem Schlafengehen auf keinen Bildschirm mehr zu schauen. So können Sie Ihre Augen entlasten und sich aktiv auf sich selbst konzentrieren.

Aufräumen

Ein guter Tag beginnt mit dem Abend davor. Räumen Sie also nach eigenem Ermessen abends auf, sodass Ihnen am nächsten Morgen wortwörtlich nichts im Weg steht. Keiner möchte aufwachen und den Abwasch machen oder etwas suchen. Am Morgen soll alles glatt laufen. Das Stichwort ist hier: Vorbereitung. Packen Sie am Abend Ihrer Sportsachen oder bereiten Sie das Frühstück vor.

Ausklang

Wie Sie den Tag ausklingen lassen, liegt ganz bei Ihnen. In der Stammkneipe ein Bier zu trinken oder fünf Folgen eine Serie zu schauen sind allerdings nicht empfehlenswert.
Bessere Ideen wären Meditation, Lesen, ein inspirierendes Gespräch mit Freunden oder Ihren Lieben bei einer Tasse Tee oder einfach ein heißes Bad. Sollten Sie sich für das Lesen entscheiden, ist es erwähnenswert, dass Sie eher Belletristik lesen sollten. So läuft das Gehirn danach

nicht auf Hochtouren, wie es wahrscheinlich bei einem Sachbuch der Fall wäre.

Schlaf

Hier schließt sich der Kreis zur Morgenroutine. Gehen Sie rechtzeitig schlafen, um nach Möglichkeit auf Ihre 7 bis 9 Stunden Schlaf zu kommen.

AUF DEN PUNKT GEBRACHT

Sie sehen, Rituale sind alles andere als verstaubte Relikte aus alter Zeit. Frisch, fröhlich und mutig miteinander kombiniert, ergeben Sie unzählige Möglichkeiten, den Tag zur angenehmen und konzentrationsfördernden Routine werden zu lassen. In Kürze noch einmal das Wesentliche:

- Alles was getan werden muss, ist es wert, gut getan zu werden.
- Routinen entlasten Ihren Geist und fördern so Ihre Konzentrationsfähigkeit.
- Langeweile war gestern! Heute werden aus alltäglichen Gewohnheiten spannende und mitunter witzige Rituale.
- Setzen Sie Rituale ganz bewusst zur Arbeitsgestaltung ein.
- Kombinieren Sie Alltagsaktivitäten mit Minifitnesseinheiten.

TOOLBOX

Mein Manifest (Veit Lindau)

Hierbei handelt es sich um ein wirklich originelles Tagebuch mit Timerfunktion für 100 Tage. Die vorgefertigten Seiten sind in Rubriken unterteilt. Anregungen und Ideensprüche gibt es täglich. Das Journal eignet sich hervorragend zum Reflektieren der eigenen Ziele und der erreichten Tagesaufgaben.

Monkee – das Online-Tagebuch

Wichtigster Fakt: Dieses Tool legt sein Augenmerk auf Sicherheit. Die Verschlüsselung ist hochwertig. So bleiben alle Ihre Gedanken, die Sie ins Tagebuch schreiben, privat. Einziger Nachteil: Es ist keine App verfügbar, die Anwendung läuft nur über den Web-Browser. Dafür ist sie gratis und verfügt über jede Menge Such- und Exportiermöglichkeiten.

Way Of Life – App

Diese App beschreibt sich selbst als Habit Tracker. Sie hilft dabei, neue Routinen und Gewohnheiten zu etablieren. Durch selbst definierte Ziele und Zeiträume, bekommen Sie Benachrichtigungen, die Sie daran erinnern, was Sie vorhatten. Ein Beispiel wäre, dass Sie mehr trinken wollen, mehr Obst essen wollen, oder einfach eine neue Morgenroutine etablieren wollen.
Darüber hinaus gibt die App graphische Darstellungen zu Ihren Erfolgen und statistische Auswertungen in Form von Säulen- oder Tortendiagrammen.

KAPITEL 4

SCHLAFOPTIMIERUNG

Sie fragen sich vielleicht, was hat der Schlaf mit konzentriertem Arbeiten zu tun? Nun, wer tagsüber fit sein und konzentriert arbeiten möchte, muss ausgeruht sein. Optimaler Schlaf gewährleistet den größten Erholungseffekt für Körper und Geist. Leider ist es für viele gar nicht so einfach, eine gesunde Schlafroutine zu entwickeln. Sie wälzen sich Nacht für Nacht im Bett herum und fühlen sich beim Aufstehen wie gerädert.

Wie Sie Ihre Schlafqualität optimieren können, erfahren Sie in diesem Kapitel. Denn richtiges Schlafen lässt sich durchaus erlernen. Es verlangt ein wenig Disziplin, zahlt sich jedoch schon nach kurzer Zeit aus. Nach nur wenigen Nächten, in denen Sie anhand unserer Tipps und Hilfestellungen leichter ein- und tief durchschlafen, werden Sie feststellen, dass sie morgens viel wacher und ausgeruhter sind. Dies wirkt sich dann umso mehr auf Ihre Konzentrationsfähigkeit aus.

WARUM IST SCHLAF ÜBERHAUPT NOTWENDIG?

Manch einer betrachtet das Schlafen als unnötige Zeitverschwendung und würde gerne ganz darauf verzichten. Da das nicht machbar ist, versuchen diejenigen, die Dauer des Schlafes auf ein absolut notwendiges Minimum zu reduzieren. Vielleicht haben Sie auch schon einmal von den sogenannten Genies vergangener Tage gehört oder gelesen. Angeblich soll … mit nur fünf Stunden Schlaf pro Nacht ausgekommen sein. Und das trotz seiner Höchstleistungen in seinem Bereich.

Für ein oder zwei Nächte mochte das eventuell stimmen. Dauerhafter Schlafentzug jedoch lähmt das Gehirn eher, als es leistungsfähiger zu machen. Es kann sogar zu schweren Hirnschädigungen kommen, wenn Sie Ihrem Körper den Schlaf permanent entziehen. Die verschiedenen Faktoren greifen wie Zahnräder ineinander. Eines dieser Zahnräder im Uhrwerk des konzentrierten Arbeitens ist ein gesunder erholsamer Schlaf. Alle Optimierung von Arbeitsabläufen, Arbeitsplatz oder Ernährung nützt nichts, wenn Sie in der Nacht wachliegen oder zu kurz schlafen.

SCHLAFPHASEN UND SCHLAFDAUER

In jeder Nacht durchläuft unser Körper vier verschiedene Schlafphasen. Jede dieser Phasen hat dabei ihre eigene unersetzbare Bedeutung. Während des Schlafens regenerieren sich sämtliche Zellen und Muskeln. Die tagsüber aufgenommenen Informationen werden verarbeitet. Aus dem Gehirn werden toxische Stoffe ausgeleitet und abtransportiert. Die Hirnreinigung wird auch glyphatisches System genannt.

Der innere Plan des Schlafes hat sich über Tausende von Jahren kaum verändert. Er unterliegt nach wie vor einem Wechsel von Schlaf- und Wachphasen, dem sogenannten circadianen System. Bei Anbruch der Dunkelheit bildet sich in der Zirbeldrüse das Schlafhormon Melatonin aus dem Glückshormon Serotonin. Es sorgt für Müdigkeit, macht uns träge und ruhig. Wird es am Morgen wieder hell, übernimmt das

Wachmacherhormon Cortisol die Führung. Diese drei Hormone sind miteinander im Einklang und bestimmen den Tag-Nacht-Rhythmus.

Zugleich wechseln sich nachts die Schlafphasen ab. Mal befinden wir uns in der Tiefschlafphase, in der die größte Regeneration stattfindet. Dann wieder sind wir nahe am Aufwachen, bevor wir in die nächste tiefe Sequenz abtauchen. Eine komplette Schleife dauert ungefähr 90 Minuten. Danach wiederholen sich die einzelnen Phasen, bis der Körper morgens entweder von allein wach oder geweckt wird.

Die erste Schlafphase ist die Einschlafphase. Wie der Name deutlich macht, ist sie die Phase unmittelbar nach der Entscheidung, endgültig schlafen zu gehen. Der Atem wird langsamer und tiefer. Auch der Puls verlangsamt sich. Oft wird diese Phase als schwerwerden empfunden. Der Schlaf ist noch sehr leicht. Kleinste Störungen wecken uns sofort wieder auf.

Das zweite Schlafstadium ist die Leichtschlafphase. Sie wird manchmal auch mit der Einschlafphase zusammengefasst und macht etwa die Hälfte unseres Schlafs aus. Die Hirnaktivität wird hauptsächlich auf niedere Frequenzen beschränkt und wir liegen mit entspannten Muskeln.

Die erholsamste Phase ist die Tiefschlafphase. Wie der Name verrät, sind wir nur schwer zu wecken. Sollte dies dennoch geschehen dauert es etwas länger, um zu sich zu kommen. Sie ist deshalb so erholsam, weil wir in tiefster körperlicher und geistiger Entspannung liegen.

Darauf folgt die REM-Phase. REM steht für rapid eye movement. In dieser Schlafphase bewegen sich unsere Augen und Augenlieder am meisten. Sie wissen sicher auch, warum. Wir träumen. Schlafforscher behaupten, dass wir in der REM-Phase, auch Traumphase genannt, vor allem emotionale Sinneseindrücke und Informationen verarbeiten.

Die optimale Schlafdauer liegt demnach bei fünf bis sechs Schlafphasen. Das bedeutet ein Minimum von siebeneinhalb Stunden. Gönnen Sie sich die lebensnotwendige Erholungsphase in der Nacht zur optimalen Regeneration Ihrer Leistungsfähigkeit. Sie werden erstaunt sein, wie viel Sie selbst tun können, um Ihre Schlafqualität zu verbessern.

ADRENALIN SENKEN

Wer sich zu später Stunde Katastrophennachrichten anhört, braucht sich nicht zu wundern, dass er danach wach liegt und kein Auge zubekommt. Ähnlich verhält es sich mit aufregenden Filmen, zum Beispiel einem spannenden Krimi, den man unbedingt noch zu Ende schauen muss. Noch schlimmer ist es, wenn Sie sich mit Ihrer Partnerin oder Ihrem Partner streiten und diesen Disput mit ins Schlafzimmer nehmen.

Dabei beschleunigt sich der Puls, die Atmung wird flacher, der Blutdruck geht in die Höhe. All das ist kontraproduktiv für eine erholsame Nachtruhe. Ziel ist es nämlich, abends herunterzufahren, den Adrenalin- und Cortisolspiegel zu senken und dem Melatonin die Möglichkeit zu geben, Schläfrigkeit hervorzurufen.

Meiden Sie also vorm Zubettgehen, Zeitung zu lesen und Nachrichten zu schauen. Greifen Sie zu einem Buch mit leichtem fröhlichem Inhalt oder kuscheln Sie mit Ihrem Partner / Ihrer Partnerin bei einem schönen Gespräch auf der Couch. Das wäre auch ein versöhnender Abschluss nach einem Streitgespräch. Nehmen Sie schlechte Laune und unausgesprochene Konflikte keinesfalls mit in die Nacht. Wenn es unbedingt der Fernseher sein muss, achten Sie auch hier auf leicht verdauliche Kost. Ihre Gedanken kommen zur Ruhe und Sie werden besser ein- und durchschlafen.

SPORT LIEBER MORGENS ALS ABENDS

Sie sind gerne sportlich aktiv? Das ist lobenswert und Sie sollten diese Vorliebe unbedingt aufrechterhalten. Da hierbei jedoch beide Wachmacherhormone, also sowohl Cortisol als auch Adrenalin ausgeschüttet werden, eignet sich die körperliche Ertüchtigung nicht, um den Organismus in Schlaflaune zu versetzen.

Versuchen Sie, Ihre Sporteinheit in die Morgenstunden zu verlegen. Die Hormone, welche für den Abend Gift sind, machen Sie am Morgen wunderbar wach. Besser können Sie gar nicht in den Tag starten.

KEINE ARBEIT MIT INS SCHLAFZIMMER NEHMEN

An der Schlafzimmertür hört die Arbeit auf. Mag das Bett noch so bequem sein, um sich darauf mit Laptop oder anderen Arbeitsutensilien darauf niederzulassen: Hier sollten Sie aus Eigenschutz eine Grenze ziehen. Der Schlafraum ist einzig und allein zur Erholung da. Na ja, mit einer Ausnahme, aber die trägt ja auch zur seelischen Erholung bei.

Es ist ohnehin nicht sinnvoll, sich Arbeit mit nach Hause zu nehmen. In Ausnahmefällen lässt es sich aber vielleicht nicht verhindern. Ausnahmen sollten jedoch auch solche bleiben und nicht zur Gewohnheit werden. Wenn Sie unbedingt am Abend zu Hause noch etwas arbeiten müssen, dann setzen Sie sich an den Küchentisch oder ins Wohnzimmer. Erledigen Sie, was nicht bis morgen warten kann und dann gehen Sie sorgenfrei und mit leerem Kopf schlafen.

FERNSEHFREIE ZONE

Es ist wunderbar, sich nach getaner Arbeit vor den Fernseher zu legen und zu entspannen. Das sollen Sie auch ruhig, aber im Schlafzimmer steht der Fernseher alles andere als optimal. Noch schlimmer wird es, wenn Sie das Gerät auch noch als Einschlafhilfe benutzen. Nicht nur das blaue Licht des Bildschirms, sondern auch das ständige Geflacker sind mächtige Gegner des Schlafhormons.

Wenn Sie ohnehin schon an Schlafstörungen leiden, verbannen Sie den Fernseher unbedingt aus dem Raum, in dem Sie schlafen. Das wird Ihnen mit Sicherheit helfen, sich zu entspannen und schon bald in einen geregelten Schlafrhythmus zu gelangen.

HANDYVERBOT IM NÄCHTLICHEN RUHERAUM

Brauchen Sie das Smartphone oder Handy tatsächlich als Wecker? Wenn das Gerät heute kaputtginge, wie würden Sie sich dann morgen wecken lassen? Sehen Sie, wenn man will, gibt es immer eine Alternative. Handys strahlen zum einen schlafstörende Wellen aus. Gleichsam ist das Display wieder mit dem sogenannten blauen Licht ausgestattet. Dieses hemmt die Produktion von Melatonin und lässt Sie nicht zur Ruhe kommen.

Hand aufs Herz und mal ganz ehrlich: Müssen Sie wirklich auch nachts zu jeder Zeit erreichbar sein? Das gilt vielleicht für Menschen, die in ihrem Job Rufbereitschaft gewährleisten müssen. Doch auf die meisten trifft das eher nicht zu. Es ist auch nicht schlaf- und erholungsfördernd, nachts durch eingehende Nachrichten geweckt zu werden. Um zwei Uhr in der Früh können Sie sowieso nicht sinnvoll reagieren. Lassen Sie also das Telefon vor der Schlafzimmertür und gönnen Sie sich ein paar Stunden lang den Luxus der Unerreichbarkeit. Für Menschen, die ihr Handy doch am Abend oder in der Nacht benutzen müssen, gibt es sogenannte Blaulichtfilter-Brillen. Diese filtern das blaue Licht und schonen somit die Augen und den Geist. Wer ein iPhone hat, kennt bestimmt die Night Shift Funktion. Wird sie aktiviert, reduziert sich der Blauwert im Display und es erscheint wärmer und gelblicher. Erfahrungswerte zeigen, dass das tatsächlich angenehmer ist und teilweise sogar eine beruhigende Wirkung hat. Alternativen gibt es auch für Android unter dem Namen Flux (Blueblocker-App).

MUSIK STATT AGGRESSIVEN WECKER-KLINGELNS

Während der eine schon beim ersten Ton des Weckers die Füße aus dem Bett schwingt und im nächsten Moment hellwach vor dem Bett steht, quält sich der andere nach fünfmaligem Wecken mit der Schlummerfunktion wie bleiern aus dem Bett. Ein Sprichwort besagt „If you snooze you lose". Das ist nicht nur so dahingesagt, um die Schlechtaufsteher zu ärgern, sondern es hat voll und ganz seine Berechtigung.

Stehen Sie mit der Snooze-Funktion auf, fällt Ihr Körper immer wieder in einen Dämmerzustand zurück. Der Übergang zwischen Schlaf- und Wachphase fällt mit jeder weiteren 10-Minuten-Einheit schwerer. Seien Sie mal ehrlich: Das fünfte Klingeln macht Sie nicht wacher als das Erste. Es löst eher Aggressivität aus und die können Sie am Morgen doch nun wirklich nicht gebrauchen.

Gewöhnen Sie sich also an, den Wecker nur ein einziges Mal klingeln zu lassen und sofort aufzustehen. So geben Sie Ihrem Körper das Signal zur Produktion von Adrenalin, welches Sie für eine konzentrierte Arbeitsleistung benötigen. Zudem hat diese Methode den Vorteil, dass Sie die halbe Stunde, die Sie vorher versnoozelt haben, jetzt einfach zu Ihrer Schlafdauer zählen können oder für die Morgenroutine aus Kapitel 3.

FÜR DUNKELHEIT SORGEN

Wie bereits in den vorigen Zeilen erwähnt, benötigt unser Organismus für einen gesunden Schlaf eine bestimmte Melatonin-Konzentration . Dunkelheit fördert die Bildung dieses Schlafhormons und sorgt dafür, dass dieser Level über die gesamte Nacht erhalten bleibt. Leben Sie in der Stadt, werden Sie Lichtquellen wahrscheinlich nie ganz ausschalten können. Vorbeifahrende Autos, Straßenlaternen und Reklameschilder sind vielleicht ständiger nächtlicher Begleiter und Störfaktor.

Nutzen Sie daher Jalousien oder Verdunklungsrollos, um das Licht draußen zu halten und Ihr Schlafzimmer abzudunkeln. Sofern Sie elektrische Geräte nicht ohnehin schon aus dem Raum, in dem Sie schlafen, verbannt haben, schalten Sie die Stand-By-Funktion ab.

Wenn alles nichts hilft, probieren Sie es mit einer Schlafmaske. Diese gibt es für wenige Euro zu kaufen und sie garantiert die blickdichte Abschottung vor zu hellen Räumen.

NICHT ZU KALT UND NICHT ZU WARM

Gemäß unserer inneren Organuhr unterliegt unser Körper nachts Temperaturschwankungen. Vielleicht haben Sie auch schon einmal bemerkt, dass Ihnen zwischen zwei und drei Uhr nachts eher warm ist, Sie aber gegen fünf Uhr morgens sogar leicht frösteln. Um trotzdem einen Schlaf ohne Störung zu ermöglichen, achten Sie auf eine schlaffördernde Raumtemperatur. Diese liegt optimalerweise zwischen 16 und 18° C. Lüften Sie den Raum vorm Zubettgehen kurz und kräftig durch.

Hier kommt noch ein Rat, den Sie beherzigen sollten. Gehen Sie niemals mit kalten Füßen oder Beinen ins Bett. Das Einschlafen wird umso beschwerlicher, je kälter die unteren Gliedmaßen sind. Da helfen auch keine Socken, während ein warmes Fußbad sehr wohl mühelos Abhilfe schafft. Wählen Sie Ihre Decke außerdem klug. Ein zu dickes und zu schweres Deckbett erschwert Ihren Temperaturausgleich. Besser sind zwei oder drei dünne Decken. Diese können Sie beliebig zur Seite liegen oder wieder überstreifen, wenn Sie schwitzen bzw. frieren.

Das Material der Bettwäsche und des Lakens trägt ebenfalls zur Optimierung des Schlafklimas bei. Wäsche aus Kunstfasern wie Polyester nehmen die Feuchtigkeit der Haut nicht auf und gestatten somit auch keine ausgleichende Regulierung der Temperatur. Baumwolle absorbiert nächtlichen Schweiß zwar, trocknet aber ziemlich schlecht.

LÄRMQUELLEN AUSSCHALTEN

Was für das Licht gilt, hat gleichfalls für Geräusche seine Bedeutung. Nun hat nicht jeder das Glück, in einer einsamen Berghütte zu wohnen, wo außer dem Rascheln der Bäume nachts kein Ton zu hören ist. Die meisten Menschen leben doch eher in der Zivilisation und somit auch in der Nähe von Straßen, Kneipen oder anderen Geräuschkulissen. Dicht abschließende Fenster sind da eine Wohltat. Sind diese nicht gegeben, müssen Sie sich anders weiterhelfen. Wenn Sie bis spät in die Nacht Lärm ausgeliefert sind und deshalb oft nicht zur Ruhe kommen, besorgen Sie sich weiche Ohrstöpsel. Die Anwendung ist ganz einfach, es bedarf jedoch einer Gewöhnungsphase, bis Sie die kleinen Pfropfen nicht mehr als Fremdkörper betrachten. Ein Versuch lohnt sich auf jeden Fall. Schließlich geht es um Ihre nächtliche Regeneration.

SCHLAFFREUNDLICHES ABENDESSEN

Heute wird das Abendessen in vielen Familien regelrecht zelebriert. Ist es doch oft die einzige Mahlzeit, die man gemeinsam einnehmen kann. Dem steht auch nichts entgegen, sofern nicht ein Fressgelage daraus wird. Halten Sie die abendliche Speiseneinnahme eher gering. Eine ganze Pizza oder ein ausgiebiges Grillfest sind zwar lecker, stören aber nachhaltig den Schlaf. Der Magen muss auf Hochtouren arbeiten, wenn er eigentlich ausruhen will. Durch die starke Verdauungstätigkeiten erhöht sich auch die innere Körpertemperatur. Das wirkt sich ebenso schädlich auf die Ausbreitung von Melatonin aus.

Besser ist es, sich abends etwas Leichtverdauliches zu gönnen. Kohlenhydrate sollten bei der letzten Mahlzeit des Tages eine extrem untergeordnete Rolle spielen. Eine Suppe, ein Salat oder eine Gemüsepfanne bieten sich daher an. Eine kleine Portion Eiweiß in Form von Fisch, Fleisch oder Geflügel rundet das Mahl ab.

Lassen Sie nach Möglichkeit auch die Finger vom Alkohol. Ein kleines Glas Wein oder Bier sind noch okay und beeinträchtigen die Schlafqualität nicht. Sie wirken im besten Falle sogar schlaffördernd. Größere Mengen Alkohol setzen jedoch Adrenalin frei und das zählt als schärfster Gegner des Schlafhormons Melatonin.

TIERE MÜSSEN DRAUSSEN BLEIBEN

Wenn Sie Ihren Vierbeiner auch noch so sehr lieben und Sie Ihr Haustier am liebsten jede Sekunde um sich hätten: Sie tun sich und Ihrer Schlafqualität keinen Gefallen mit einem gemeinsamen Nachtquartier. Tiere haben einen komplett anderen Schlafrhythmus als Menschen. Vor allem Katzen, die nachts aufs Bett springen, weil sie sich an Frauchen oder Herrchen kuscheln wollen, sorgen dafür, dass Ihre Schlaffrequenz gestört wird. Im Extremfall kann das sogar zu dauerhaften Schlafstörungen führen. Oft hilft dann nur noch eine medikamentöse Schlaftherapie. Schaffen Sie für Mensch und Tier getrennte Schlafplätze und gönnen Sie sich und gleichermaßen Ihrem vierbeinigen Freund damit eine störungsfreie Nachtruhe.

AUFSTEHEN STATT HERUMWÄLZEN

Hin und wieder kann es vorkommen, dass Sie alles richtig gemacht haben, aber dennoch nachts wachliegen. Versuchen Sie, mit der unten vorgestellten Atemübung oder Entspannungstechnik zur Ruhe zu kommen. Gelingt das nicht und Sie sind nach einer halben Stunde immer noch wach, stehen Sie auf. Setzen Sie sich in eine ruhige Ecke und machen sich ein schummriges Licht an. Festbeleuchtung sollten Sie selbstverständlich vermeiden. Ein kleines Leselämpchen genügt schon. Nehmen Sie sich einen Stift und einen Zettel oder ein Notizbuch zur Hand und schreiben Sie auf, was Sie bewegt.

Ein nicht zu spannendes Buch wäre ebenso eine Option. Dabei dürften Ihnen schon nach wenigen Zeilen die Lider schwer werden und die Augen schließlich zufallen. Lassen Sie auf jeden Fall Laptop, Fernseher und Handy ausgeschaltet. Sie wollen ja wieder ins Bett und den Rest der Nacht erholsam schlafen. Das blaue Licht der Screens hindert Sie zuverlässig daran, also meiden Sie diese Schlafräuber.

Sobald Sie wieder Müdigkeit verspüren, legen Sie sich hin und versuchen Sie, sich zu entspannen. Wenn Sie nicht wieder einschlafen, sich aber dennoch ruhig und gut fühlen, bleiben Sie liegen. Die Erholung tritt auch dann ein, wenn wir nicht die ganze Nacht tief schlafen.

FUNKTIONIERT SCHÄFCHEN ZÄHLEN WIRKLICH?

Monotonie führt zum Erfolg. In diesem Sinne kann das Zählen beim Einschlafen tatsächlich helfen. Durch die Konzentration auf die Zahlen vertieft sich die Atmung und die Lungenbläschen füllen sich mit Sauerstoff, der ins Blut transportiert wird. Wenn sich die Ruhe im Körper ausbreitet, kommt der Schlaf bei den meisten leichter.

In Kapitel 8 wird Ihnen eine weitere spezielle Atemübung vorgestellt, die das Einschlafen beinahe zum Kinderspiel macht. Außerdem lernen Sie dort eine Entspannungstechnik und verschiedene Meditationsübungen, um Ihren Körper in einen Zustand zu versetzen, der Sie leicht und zufrieden einschlafen lässt.

WAS SIE SONST NOCH TUN KÖNNEN

Gewöhnen Sie sich eine gewisse Schlafroutine an. Gehen Sie stets zur gleichen Zeit schlafen und stehen Sie morgens immer zur gleichen Zeit auf. Das gilt auch und insbesondere für das Wochenende. Wenn Sie wochentags mit den Hühnern aus den Federn steigen, am Wochenende jedoch bis zum späten Vormittag oder gar noch länger liegenbleiben, dann durchbrechen Sie Ihren Schlafrhythmus. Das fördert leider eher Schlafprobleme, als dass es der Erholung an freien Tagen dient. Schalten Sie außerdem während Ihrer Schlafenszeit den Flugmodus oder mindestens den Nicht-Stören-Modus ein.

AUF DEN PUNKT GEBRACHT

Schlaf ist nicht nur lebensnotwendig, sondern wirkt sich auf Ihre Arbeit und Konzentration aus. Dabei ist die Tiefe des Schlafes genauso wichtig wie die Dauer. Folgende Aspekte gilt es zu beachten, um optimal zu schlafen und ausgeruht in den Tag zu starten:

- Schlafen Sie ausreichend lange, mindestens sieben Stunden pro Nacht sind wünschenswert.

• Schlafstörungen nachhaltig eliminieren: elektrische Geräte ausschalten, schwere Mahlzeiten am Abend meiden.
• Schaffen Sie ein gesundes Schlafklima: optimale Raumtemperatur, hautfreundliche Bettwäsche, Dunkelheit, Ruhe.
• Stress vorm Zubettgehen reduzieren: kein Streit, keine Arbeit, keine Aufregung durch Nachrichten oder Fernsehen.
• Einschlafrituale fördern gesunden und erholsamen Schlaf.

TOOLBOX

Schlaftracker Oura-Ring

Der Oura-Ring ist aktuell der fortschrittlichste tragbare Schlaftracker und sieht dazu noch gut aus. Letztlich ist es ein Accessoire mit versteckten Funktionen. Er kann dauerhaft die Körpertemperatur messen und zeichnet eine Baseline und Abweichungen von dieser auf. Außerdem misst der Ring dauerhaft den Puls direkt an der im Finger liegenden Arterie. Darüber hinaus verfügt der Ring über einen Beschleunigungssensor, der es ermöglicht, Bewegungen zu erkennen. So erfahren Sie, wie ruhig oder unruhig Sie geschlafen haben. Der Ring selbst ist selbstverständlich nicht nur für das Schlafen einsetzbar, sondern auch für Sport oder einfach allgemeines Aktivitätstracking.

Schlaftracker Fitbit Alta

Der Tracker wird wie eine Uhr am Handgelenk getragen. Er misst neben allen Schlafaktivitäten auch Schritte, Puls und berechnet die Fitness. Er zeichnet Schlafphasen auf und wertet sie aus. Falls Sie also das Gefühl haben, morgens immer mitten aus der Tiefschlafphase gerissen zu werden, könnten Sie damit durchaus recht haben. Das Gerät ist nicht ganz günstig, die Anschaffung lohnt sich bei massiven Schlafproblemen aber vielleicht dennoch.

Schlaf-App Runtastic Sleep Better

Diese App enthält einen Schlafphasenwecker, der Sie dann weckt, wenn Sie sich bereits an der Grenze zum Aufwachen befinden. Dadurch erwachen Sie leicht und erholt und fühlen sich morgen nie wieder wie gerädert. Wenn Sie sich oft an Ihre Träume erinnern, dann können Sie sie mit diesem Tool sogar aufschreiben. Selbstverständlich werden auch die Schlafphasen gemessen und analysiert. Die App gibt es kostenlos für Android und iOS.

Schlafmasken

Viele haben so lichtempfindliche Augen, dass Sie beim Auftreten kleinster Lichtimpulse nicht schlafen können. Dafür muss es nicht mal eine Vollmondnacht sein. Es reicht schon ein Auto, was vorbeifährt oder eine Nachricht auf dem Handy, die das Display aufleuchten lässt. Die Lösung: Schlafmasken. Die richtige zu finden ist meistens kein einfaches Unterfangen, obwohl der Markt riesig ist. Grundsätzlich sollten Sie sich beim Kauf einer Schlafmaske von Ramschläden und Discountern fernhalten, da sie dort meistens von schlechter Qualität sind und ihrem Zweck nicht gerecht werden. Hier ein paar Dinge, auf die Sie achten sollten:

- Lichtquellen müssen komplett abgeschirmt werden. (Oft kommt über den Jochbeinen Licht rein.)
- Passt sich gut der Gesichtsform an.
- Das Band sollte einstellbar sein.
- Das Material sollte für Sie angenehm sein. (Viele Leute mögen Polyester nicht.)

- Darf keine Druckstellen hinterlassen, muss aber trotzdem fest sitzen und soll nicht verrutschen.
- Atmungsaktivität und Luftdurchlässigkeit sollten gewährleistet sein.
- Für Menschen, die oft unter Kopfschmerzen leiden, gibt es spezielle Kühlmasken. Das sind Schlafmasken mit integriertem Kühlkissen. Sie kühlen den Kopf und entspannen die Gesichtsmuskulatur.

Blaulichtreduktion

Blaues Licht hemmt den Ausstoß von Melatonin, wodurch Sie abends schlechter zur Ruhe kommen. Nutzen Sie Apps oder integrierte Funktionen in Ihren Geräten, die den Blauwert reduzieren. Falls das nicht möglich ist, denken Sie über den Erwerb einer Blaulichtfilter-Brille nach. Es wirkt Wunder!

KAPITEL 5

OPTIMIERUNG DER ERNÄHRUNG

Achim liebt Fast Food und Fast Food liebt Achim. Die mittägliche Trägheit jedoch verflucht er regelmäßig. Er fühlt sich schlapp und kann sich am Nachmittag kaum noch auf irgendetwas konzentrieren. Dennoch kann er nicht die Finger vom schnellen fettigen Essen lassen. Für Zusammenhänge zwischen seinen schlechten Ernährungsgewohnheiten und seiner stark verminderten Leistungsfähigkeit ist er blind. Dass er zu den Mahlzeiten wesentlich zu viele Kalorien aufnimmt, glaubt er nicht so recht. Schließlich bekommt Achim schon zwei bis drei Stunden nach dem Fast-Food-Gelage erneut Hunger. Nähme er tatsächlich eine so kalorienreiche Kost zu sich, wie alle von Burger, Pommes und Cola behaupten, würde ihn die ja wohl mindestens für den ganzen Nachmittag sattmachen, so seine Begründung. Wenn seine Kollegen mittags im Büro ihre Lunchbox mit Obst und Gemüseschnitzen auspacken, belächelt Achim sie beinahe ein wenig mitleidig. Dabei würde ihm diese Kost nicht nur figurentechnisch zugutekommen, sondern ihm auch einen fitten und leistungsfähigen Nachmittag bescheren.

NAHRUNG FÜRS GEHIRN IST MEHR ALS TRAUBENZUCKER

Nach Ihren Schlafgewohnheiten kümmern wir uns in diesem Kapitel um die Ernährung. Heute ist längst bekannt, dass der berühmte Traubenzucker nicht hält, was er verspricht. Süß ist er und lecker meistens auch. Aber das war es dann auch schon mit der Wunderwaffe fürs Gehirn. Eine erhöhte Konzentrations- und Leistungsfähigkeit hat er, wenn überhaupt, allenfalls ein paar Minuten lang zu bieten. Ob Sie den ganzen Tag mehr oder weniger vertrödeln oder sich immer wieder neu auf Ihre Arbeit konzentrieren können, hängt nicht unwesentlich von Ihrer gesamten Nahrungszufuhr ab. Erfahren Sie in den nachfolgenden Abschnitten, wie Sie Ihre Ernährung optimieren können, um Ihr Gehirn auf Hochleistung zu trimmen.

WARUM IST ERNÄHRUNG WICHTIG FÜR KONZENTRIERTES ARBEITEN?

Sie haben bestimmt schon ein dutzend Mal den Spruch gehört „Du bist, was du isst“. Klingt zwar ein wenig abgedroschen, stimmt aber. Vor allem dann, wenn es um Ihre geistige Fitness und Leistungsfähigkeit geht. Haben Sie im vorigen Kapitel die fatalen Auswirkungen schlechten Schlafs auf das Gehirn kennengelernt, kommt nun ein weiterer wesentlicher Aspekt für konzentriertes Arbeiten auf den Prüfstand. Wussten Sie, dass unser Gehirn mehr als ein Fünftel unserer täglichen Energie verbraucht? Da ist es doch nur folgerichtig, dass diese zwanzig Prozent aus einem Cocktail aus hochwertigen und effizienten Nährstoffen bestehen. Ihrem Auto würden Sie doch auch keinen minderwertigen, vielleicht sogar gepanschten Kraftstoff zumuten. Mit Ihrem Körper und Ihrem Geist sollten Sie das auch nicht tun. Schenken Sie sich selbst die beste Nahrung, die Sie kriegen können. Erfreuen Sie sich einerseits am kulinarischen Genuss. Doch lassen Sie sich andererseits von ihrer ansteigenden Konzentrationsfähigkeit beeindrucken und überzeugen. Sie glauben, jetzt kommt ein Plädoyer für exotisches Superfood? Weit gefehlt, die teuren und oft leider auch überschätzten Importartikel sind überhaupt nicht notwendig, um sich gehirngerecht zu ernähren. Alle notwendigen Vitamine, Mineralien und Spurenelemente bietet Ihnen auch das heimische Lebensmittelsortiment.

PRINZIPIELLE ERNÄHRUNGSRICHTLINIEN

Um die Konzentration zu fördern, braucht es einen konstanten Blutzuckerspiegel. Auch wenn Zucker und Fett immer wieder verdammt werden: Sie sind nun einmal die besten Energielieferanten überhaupt. Zumindest ist nicht jedes süße und / oder fettige Lebensmittel per se schlecht. Die Qualität und Ausgewogenheit der ausgewählten Nahrung bestimmen über gesund oder ungesund. Wer regelmäßig und abwechslungsreich isst, nimmt eine große Bandbreite an Nährstoffen zu sich und fördert damit seine körperliche und geistige Gesundheit. Wichtig ist auch, dass Sie ganz bewusst und langsam essen. Wer nebenbei isst, dessen Gehirn hat keine Chance, sich auf die Nahrungsverwertung zu konzentrieren, Die zugeführte Nahrung wird eingelagert, bis Zeit zum Verwerten da ist. Das bedeutet, die Energie aus dem Essen fehlt sowohl in den Muskeln als auch im Gehirn. Zudem macht Multitasking, also unbewusstes essen nebenbei, nicht nur dick, sondern auch unaufmerksam. Warum macht nebenbei essen dick? Das Gehirn ist abgelenkt und schickt weiter und weiter Hungersignale an den Körper, obwohl bereits gegessen wurde. Das geht auf die Hüften.

NÄHRSTOFFE FÜRS GEHIRN – SINNVOLL UND ALLTAGSTAUGLICH

Wie schon erwähnt, ist es nicht notwendig, auf teure Importartikel zurückzugreifen, wenn Sie sich gehirngerecht ernähren wollen. In unseren ganz normalen Lebensmitteln sind also Nährstoffe in ausreichender Menge, um Ihren Körper und Ihren Geist optimal zu versorgen. Nachfolgend lernen Sie die wichtigsten Faktoren für eine hohe Konzentrationsfähigkeit kennen und erfahren, in welchen Lebensmitteln der Nährstoff besonders gut verfügbar ist.

Eisen

Wenn Sie an Eisenmangel leiden, äußert sich das in chronischer Müdigkeit. Ihre Leistung fällt ab und Sie haben Mühe, sich überhaupt noch zu konzentrieren. Gute Eisenlieferanten sind Haferflocken und grünes Gemüse. Es steckt zudem in Nüssen, Vollkornprodukten, Meeresfrüchten und Leber. Auch Hülsenfrüchte enthalten ein nennenswertes Eisenvorkommen.

Vitamin C

Vitamin C tut allen Zellen gut. Im Gehirn fördert es zum Beispiel die Produktion sogenannter Botenstoffe (Neurotransmitter). Greifen Sie bei Früchten wie Kiwis, Ananas und Zitrusfrüchten kräftig zu. Paprika zählt ebenso zu den hervorragenden Lieferanten von Vitamin C wie Brokkoli und Grünkohl.

Vitamin B

Wie Vitamin C, sind auch die B-Vitamine an der Bildung von Neurotransmittern (Botenstoffen) im Gehirn beteiligt. Essentiell sind hier vor allem die Vitamine B1, B3, B6 und B12. Während eine ausreichende

Zufuhr von Vitamin B das Gehirn mit Sauerstoff versorgt, zeigt sich ein Mangel beispielsweise durch erhöhte Reizbarkeit. Die Gedächtnisleistung sowie das Konzentrationsvermögen sinken deutlich. In Leber, Fisch, Eiern und Sonnenblumenkernen stecken viele der notwendigen B-Vitamine. Wer sich dazu noch mit Vollkornprodukten und grünem Gemüse ernährt, der ist auf der richtigen Seite.

Wir haben im vorangegangenen Abschnitt die Botenstoffe erwähnt. Myelin und Cholin sind zwei dieser Neurotransmitter, die Informationen in den Gehirnzellen erstellen können und dabei helfen, diese Informationen über Nervenstränge im Organismus weiter zu transportieren.

Myelin

ist ein Lipoprotein, welches die Nervenstränge wie einen Mantel umhüllt. Sie kennen sicher den Ausdruck „die Nerven liegen blank". Das geschieht, wenn die Myelinschicht fehlt. Dadurch verlangsamen sich die Impulse (Informationsübertragungen) in den Nervenbahnen. Sie werden gereizt, fahrig und massiv unkonzentriert. Essentielle Fettsäuren (Omega-3 und Omega-6) erhalten und stärken die Myelinschicht. Vorzugsweise finden sich diese Fettsäuren in Walnüssen und Leinsamen, kommen aber auch in nativem Olivenöl und Meeresfischen vor.

Cholin

wird der Botenstoff Azetylcholin gebildet. Er ist für neue Verbindungen zwischen den Gehirnzellen verantwortlich. Dadurch steigert sich die Merkfähigkeit signifikant. Ohne Cholin könnten Sie sich nur für ganz kurze Zeit konzentrieren. Cholin ist vorhanden in Leber, Sojabohnen und Eiern.

AUSREICHEND UND RICHTIG TRINKEN

Dass unser Körper genug Flüssigkeit benötigt, um alle Organfunktionen optimal aufrecht zu erhalten, weiß inzwischen jeder. Dennoch fällt es vielen schwer, die notwendige Trinkmenge zu konsumieren. Beugen Sie am besten frühzeitig einem Flüssigkeitsmangel vor. Dann bleiben Sie von Konzentrationsstörungen, Leistungsabfall, Kopfschmerzen und innerer Unruhe verschont.

Das beste Getränk ist Wasser. Zwei bis drei Liter benötigt der Mensch täglich vom Quell des Lebens. Dabei sollten Sie die Mineralienwerte im Blick haben. Ein Wasser mit gutem Magnesium-, Kalium- und Kalziumgehalt unterstützt Ihr Gehirn optimal beim Denken. Wer mit häufigem Sodbrennen gepeinigt ist, sollte auf Kohlensäure verzichten und stattdessen auf stilles Mineralwasser zurückgreifen.

Das ist Ihnen pur zu fad? Nun, dann peppen Sie Ihr Wasser gerne auf. Gerade im Sommer empfiehlt es sich, einzelne gefrorene Früchte mit in Glas oder Flasche zu geben. Interessante Geschmacksnoten ergeben sich auch durch den Zusatz frischer Kräuter wie Minze oder Melisse. Haben Sie schon einmal Gurkenscheiben probiert? Das schmeckt absolut erfrischend. Liebhaber von Gewürzen erfreuen sich vielleicht an einem Stück Ingwer- oder Kurkumawurzel. Stellen Sie sich Ihr Lieblingsgetränk ganz nach Gusto zusammen und seien Sie ruhig experimentierfreudig.

Wenn Sie unterwegs sind oder Sie keine Zeit haben, etwas zu Hause vorzubereiten, dann greifen Sie zu ungesüßten Früchte- und Kräutertees. Bei Fruchtsäften ist Vorsicht geboten. Nutzen Sie nur reine Säfte und verdünnen Sie sie mindestens zu zwei Drittel mit Wasser. So bleibt der Geschmack erhalten, die Leistungsfähigkeit wird jedoch durch den geringen Fruchtzuckergehalt nicht eingeschränkt.

WIE SIEHT DER OPTIMALE ERNÄHRUNGSTAG AUS?

Was ist denn nun als sogenanntes Brainfood geeignet? Das lässt sich ganz einfach an unserem Tagesbeispiel erläutern. Wussten Sie, dass Sie mit Hafer und einer guten Portion Beeren die Konzentrationskurve deutlich positiv beeinflussen können? Doch es gibt noch viele andere tolle Nahrungsmittel, die uns wach und leistungsfähig machen. Orientieren Sie sich gerne an unseren Vorschlägen.

Frühstück

Das Frühstück ist wichtig, um optimal in den Tag zu starten. Das denken viele, doch das ist nicht ganz richtig. Es gibt Ernährungspläne, die das Gegenteil beweisen und mittlerweile von vielen täglich angewandt werden. Die Rede ist vom „intermittierenden Fasten", besser bekannt als „Intervallfasten". Bei dieser Form der Ernährung geht es darum, die zeitlichen Abstände zwischen den Mahlzeiten zu vergrößern. In den meisten Fällen schließt das den Verzicht auf das Frühstück ein. So entsteht eine kurze Fastenperiode zwischen dem Abendessen und dem Mittagessen des nächsten Tages. Das Intervallfasten so zu praktizieren, bringt einige Vorteile mit sich, wie eine erhöhte Fettverbrennung, gehemmte Entzündungsprozesse, bessere Cholesterinwerte im Blut, und im Gehirn werden vermehrt neue Nervenzellen produziert. Die These, dass das Frühstück die wichtigste Mahlzeit des Tages sei, ist also ein Mythos. Das soll aber auch nicht heißen, dass es ungesund ist zu frühstücken. Wenn Sie nicht auf Ihr

Frühstück verzichten möchten, sollten Sie trotzdem auf Folgendes achten.
Das Frühstück sollte etwa 30 % der Tagesenergie liefern. Eine Tasse Kaffee zählt übrigens nicht als Frühstück. Suchen Sie sich aus mehreren Nahrungsmittelkategorien das aus, was Ihnen schmeckt. Eine gute Grundlage bilden beispielsweise Vollkornbrot mit einer Scheibe Käse oder auch ein selbstgemachtes zuckerfreies Müsli mit frischen Früchten. Joghurt, Quark oder auch Skyr vervollständigen das Menü auf perfekte Weise. Arrangieren Sie Ihr Frühstück auf dem Teller ansprechend und nehmen Sie sich genügend Zeit für die erste Mahlzeit des Tages.

Mittagessen

Wer sich mittags den Bauch vollschlägt, dessen Konzentration geht danach vollständig baden. Als Faustregel gilt auch hier, ca. 30 % der Tagesenergie sollten zum Mittag aufgenommen werden. Statt für Pizza, Burger und Co. entscheiden Sie sich lieber für komplexe Kohlenhydrate in Verbindung mit viel Gemüse und einer leichten Eiweißportion. Vollkornnudeln mit Ratatouille ist mittags beispielsweise eine hervorragende Wahl. Komplettieren Sie Kartoffeln oder Salate gerne mit Geflügel oder Fisch.

Brotbüchse war gestern? Von wegen! – Belegte Brote können Happy- und Brainfood gleichermaßen sein. Hier ist Ideenreichtum ist gefragt. Wraps, bunte Vollkornbrote und sättigende Salate sorgen für Abwechslung auf dem Teller und gute Laune im Gehirn.

Wenn Sie Ihr Essen zu Hause vorkochen und mitnehmen, gibt es einen interessanten Fakt zu berücksichtigen. Warmes Essen hält seine Energie nur für ca. drei Stunden – der Gehalt eines aufgewärmten

Essens fällt also deutlich gegenüber einem frischgekochten ab. Statt es aufzuwärmen, sollten Sie vorgekochte Speisen also lieber kalt essen.

Sparen Sie nicht zu viel an hochwertigen Fetten und Ölen. Sie sind nicht nur Geschmacksträger, sondern auch als Energielieferant und für Herz- und Hirntätigkeit unerlässlich.

Nachtisch gefällig? Aber gerne doch! Wenn er aus einer Portion frischem Obst besteht, gibt es keinen Grund, darauf zu verzichten.

Beachten Sie die Portionsgrößen, sonst fällt auch bei gesundem Essen die Leistungskurve ab und es stellt sich ein Nachmittagstief ein.

Snacks

Zum zweiten Frühstück wurden bereits einige Ausführungen gemacht. Falls Sie aber dennoch zwischen den Hauptmahlzeiten Hunger verspüren, zögern Sie nicht, eine Kleinigkeit zu essen. Auf keinen Fall darf der Blutzuckerspiegel in den Keller fallen. Statt zu Schokoriegeln greifen Sie aber zu gesunden und gehirngerechten Alternativen. Milchprodukte sind optimal für zwischendurch. Am besten genießen Sie sie ohne Zucker und in Kombination mit Vitamin C.
Studentenfutter oder eine Handvoll Nüsse sind ebenfalls eine gute Wahl. Betrachten Sie sie nur nicht als ständige Nascherei. Obst, Gemüsesticks oder auch einige wenige Trockenfrüchte halten den Hunger und den Blutzuckerspiegel gleichermaßen in Schach.

ZUCKER – GIFT ODER SEGEN?

Sie mögen Süßes? Trösten Sie sich: Die Vorliebe für süße Lebensmittel ist nicht etwa eine Schwäche, mit der Sie allein dastehen. Alle Lebewesen haben diesen angeborenen Reflex. Er galt in Urzeiten als zuverlässiger Schutz vor Vergiftung. Es ist schon paradox, dass heutzutage ausgerechnet die Kombination aus süß und fettig zu den größten Krankmachern gehört. Wird der menschliche Körper mit zu viel Süßem überschüttet, reagiert er regelrecht toxisch darauf und wehrt sich mit enormer Ausschüttung von Insulin. Geht ihm diese Waffe dann auch noch verloren und es kommt schließlich zur Insulinresistenz, erkranken wir an Diabetes.

Soweit muss und darf es nicht kommen. Für die Konzentration liefern Zucker und zuckerhaltige Lebensmittel ohnehin keinen Mehrwert. Nach dem Genuss eines Schokoriegels oder einer Handvoll Gummibärchen schießt der Blutzuckerspiegel explosionsartig in die Höhe. Sie merken das daran, dass Sie zwar für einen Moment lang hellwach erscheinen, doch gleichzeitig fühlen Sie sich fahrig und hibbelig. Nach maximal zwanzig Minuten ist der ganze Hype aber schon wieder vorbei. Müdigkeit macht sich in Ihnen breit. An Konzentration ist nun erst recht nicht mehr zu denken.

Den legendären Würfel Traubenzucker können Sie sich also getrost sparen. Er wird Ihnen nicht das gewünschte Ergebnis liefern. Einzige Ausnahme bildet hierbei Bitterschokolade. In Schokolade mit mindestens 70 % Kakao befinden sich neben Zucker und Fett nämlich weitere Stoffe, die die Serotoninausschüttung erhöhen. Sie erleben sich dadurch nicht nur zufriedener und glücklicher, auch Ihr Gehirn profitiert von diesem Hormon. Sie werden wacher und können Ihren Fokus konzentrierter auf Ihre Aufgabe lenken. Das ist nun natürlich kein Freibrief für hemmungsloses Schlemmen von einer Tafel Schokolade nach der anderen. Setzen Sie den herbsüßen Genuss gezielt ein. Dann haben Hüfte, Seele und Gehirn gleichermaßen etwas davon.

MACHT KAFFEE WIRKLICH WACH UND KONZENTRIERT?

Kaffee ist und bleibt ein Thema, das polarisiert. Während einige das schwarze Getränk regelrecht verteufeln, gehört es für andere zu den Lebenselixieren schlechthin. Doch stimmt es überhaupt, dass Kaffee wach macht und die Leistungsfähigkeit steigert? Ja und Nein! Hier muss man es ganz klar mit Paracelsius halten: „Alle Dinge sind Gift, und nichts ist ohne Gift, allein die Dosis machts, dass ein Ding kein Gift sei".

Wenn Sie morgens ohne Ihr Heißgetränk nicht in die Gänge kommen, genehmigen Sie sich ein bis zwei Tassen. Das darin enthaltene Koffein beeinflusst das Kurzzeitgedächtnis positiv. Die Gefäße erweitern sich, das Gehirn wird besser durchblutet. So steigt nicht nur die Laune am Morgen, sondern auch die Wachsamkeit und damit die Fähigkeit, sich zu konzentrieren. Die größte Wirkung zeigt übrigens Espresso. Nicht umsonst wird er gerne nach einem üppigen Mahl als Abschluss gewählt. Selbstverständlich sollte er ohne Zucker getrunken werden.

Nach drei bis vier Tassen pro Tag sind die Vorzüge des Kaffees allerdings aufgebraucht. Denn das Koffein macht nicht nur wach, es ist auch ein Vitamin-B-Killer und es vermindert die Aufnahmefähigkeit von

Eisen im Körper. Die gefäßerweiternde Wirkung schlägt nicht selten in Spannungskopfschmerz um. Dass Sie zu viel Koffein zu sich genommen haben, spüren Sie auch an der erhöhten Reizbarkeit. Sie fühlen sich gestresst, das ist auch wissenschaftlich nachweisbar. Denn eine hohe Koffeindosis schüttet ständig Adrenalin aus.

Dazu kommt, dass die Konzentrationsfähigkeit rapide abnimmt und Sie schnell müde werden, sobald der Pegel wieder absinkt und das Koffein den Körper verlässt. Der häufige Harndrang und die appetitsteigernde Wirkung nach dem Genuss von mehreren Tassen Kaffee wirkt sich ebenfalls nicht positiv auf Ihre Arbeitsweise aus. Sie tun sich also keinen Gefallen, wenn Sie glauben, viel hilft viel. Sehen Sie Kaffee als das an, was es ist: Ein Genussmittel, welches, in Maßen genossen, die Stimmung hebt und zum allgemeinen Wohlbefinden beiträgt. Das gilt übrigens auch für alle anderen koffeinhaltigen Getränke wie beispielsweise Cola oder Schwarztee.

Wie verhält es sich mit Energydrinks? Abgesehen von den ungesunden Zuckermassen, die sie beinhalten, sollten sie eigentlich den gleichen Effekt wie Kaffee hervorrufen. Wenn man die Inhaltsstoffe jedoch genauer betrachtet, enthalten Energydrinks im Verhältnis weniger Koffein als normaler Kaffee. Wer lange wachbleiben will, kann also auch beim Kaffee bleiben. Der Unterschied ist der Moment direkt nach dem Verzehr. Bei Energydrinks werden sich die meisten viel wacher fühlen. Das liegt am Zucker und dem Inhaltsstoff Taurin. Taurin kommt auch natürlich im Körper vor und dient vor allem für den Transport von Nährstoffen vom Blut in die Körperzellen. Bei körperlicher Betätigung können Energydrinks jedoch gefährlich werden und schnell zu einem Kreislaufzusammenbruch führen. Daher sollten Sie im Zweifel lieber die Finger von ihnen lassen.

SONSTIGE HELFER

Noch ein Wort zu Nahrungsergänzungsmitteln. Manch einer hat ihre Erwähnung in den vorangegangenen Zeilen vielleicht schon vermisst. Hierauf wurde in diesem Kapitel bewusst nicht eingegangen. Da dieses Thema jedoch eine entscheidende Rolle in puncto Konzentration spielt, wurde ihm ein eigener Abschnitt gewidmet. Eine ausführliche Betrachtung von Nahrungsergänzungen finden Sie daher in Kapitel 10.

AUF DEN PUNKT GEBRACHT

Dass Ernährung mehr kann, als uns satt zu machen, wurde in diesem Kapitel deutlich. Sie haben es selbst in der Hand, ob Sie sich über den Tag hinweg energiegeladen fühlen oder von einem Leistungstief ins nächste schlittern. Hier noch einmal die wesentlichen Faktoren, was eine gesunde Ernährung fürs Gehirn beinhaltet:

- Achten Sie auf eine abwechslungsreiche und farbenfrohe Ernährung.
- Vitamine, Mineralien und Spurenelemente sind essentiell für eine gehirngerechte Ernährungsweise.
- Superfood ist nicht notwendig – alles, was Sie brauchen, wächst auch vor Ort.
- Fast Food auf absolute Ausnahmen beschränken und am besten in die Urlaubszeit oder aufs Wochenende verlagern.
- Zucker aus Süßigkeiten macht schlapp und träge.
- Gemäßigter Kaffeekonsum kann sich positiv auf die Konzentration auswirken.

TOOLBOX

MyFitnessPal

MyFitnessPal ist eine Anwendung des Sportbekleidungsherstellers Under Armor. Die App präsentiert sich als Kalorienzähler und Diät-Tracker. Sinn des Ganzen ist, die Kontrolle darüber zu behalten, was man zu sich nimmt und wie ausgewogen die Ernährung ist. Besonders interessant ist die Funktion, Barcodes zu scannen und sich direkt die Nährwerte zeigen zu lassen. Sie essen beispielsweise einen Proteinriegel und wollen es sich sparen, die Nährwerte manuell einzutragen? Scannen Sie einfach den Barcode und die App erledigt den Rest für Sie.

Food Planner

Erstellen Sie sich mit dieser App Ihren Mahlzeitenplan. Gleichzeitig erhalten Sie eine Einkaufsliste, können eigene Rezepte verwenden oder von einer vorgegebenen Website herunterladen. Damit haben Sie vom Frühstück bis zum Abendessen alles im Blick. Das Herunterladen der App ist kostenlos, es sind jedoch In-App-Käufe möglich.

Sonstiges

- Es gibt inzwischen unzählige Koch- und Rezeptwebsites wie kochbar.de oder chefkoch.de. Die meisten davon bieten inzwischen auch die dazugehörige App fürs Smartphone an. Wenn Sie nicht gerade ein Kochgenie sind, das ganze Kochbücher auswendig kennt oder noch nie eine Anleitung zum Kochen benötigte, dann sind diese Rezeptsammlungen ein wahrer Segen. Nach Kategorien, Ländern oder Tageszeit lassen sich die verschiedensten Wünsche eingeben und Sie können so ganz gezielt nach Ihrem jeweiligen Geschmack suchen.

- Sie suchen nach einer Vitamin- und Nährwerttabelle für unterwegs? Kein Problem, durchstöbern Sie die Apps Ihres Smartphones gezielt danach und Ihre Suche wird schnell ein glückliches Ende finden. Die Mehrzahl dieser Apps ist kostenfrei.

KAPITEL 6

OPTIMIERUNG DER GEDANKEN

*Lennart ist 54 und einer der erfolgreichsten Syndikus-Anwälte seiner Branche. Er hat sich bewusst gegen eine Selbstst*ändigkeit entschieden und arbeitet seit vielen Jahren für ein großes Logistikunternehmen. Wenn man ihn bei der Arbeit beobachtet, sieht er immer aus, als befände er sich in einer anderen Welt. Lennart liebt seine Arbeit *von ganzem Herzen und führt sie mit Beharrlichkeit und vollster Konzentration aus. Seine Ergebnisse und Leistungen überragen die seiner Kollegen deutlich und sind ein ums andere Mal erstaunlich. Er besticht durch klare Logik und außergewöhnlich kreatives Denken. Lennart ist ein aufmerksamer Beobachter und redet eher wenig. Er wird von seinen Kollegen nicht nur geachtet, sondern sehr geschätzt. Er wird oft um Rat gefragt und gibt bereitwillig Auskunft. Doch er drängt sich niemals auf und bleibt eher im Hintergrund. Nicht selten bekommt er von anderen zu hören: „Schade, dass ich nicht so wie du bin."*

Doch warum eigentlich nicht? Lennarts Fähigkeiten sind trotz seiner außergewöhnlichen Leistungen kein Hexenwerk und jeder kann sie erlernen. Geduld und Ausdauer kostet es allerdings schon und ebenso eine gehörige Portion Willenskraft. Man muss bereit sein, sich voll und ganz auf die eine Sache einzulassen, die man gerade tut. Alles andere um einen herum muss zwingend ausgeblendet werden. Das nennt man Fokussieren.

WAS IST FOKUS?

Die komplette Aufmerksamkeit auf etwas richten. Fokussieren kann nur der, der ein Ziel hat. Dann alle Kraft, Anstrengung und Energie bündeln und auf die Erreichung des Zieles ausrichten. Komme, was wolle. Erfolgreiches Fokussieren erlaubt keine Ablenkung oder Störung und ist auf dreierlei Arten möglich.

Brennglasfokus

Bei dieser Art des Fokussierens bündeln Sie alle Energie und richten Ihre volle Aufmerksamkeit auf die momentane Aufgabe. Wie bei einem Brennglas konzentriert sich die Energie auf einen einzigen Punkt. Dieser Fokus kann zwar nur für eine kurze Zeitspanne aufrechterhalten werden, doch die Ergebnisse sind enorm. Wenn Sie also kurz vor einer Deadline stehen, versuchen Sie, den Brennglasfokus einzusetzen. Wenn Sie es geschafft und Ihr Ziel erreicht haben, werden Sie mit Gefühlen von Glück, Stolz und Begeisterung belohnt. Sportler setzen den Brennglasfokus oft bei Olympiaden und anderen Wettkämpfen ein.

Kursfokus

Hier steht nicht die einzelne Aufgabe im Mittelpunkt, sondern eine generelle Ausrichtung. Dieser Fokus ist gleichzusetzen mit einer Art Kompass. Sie bestimmen das Ziel und die Marschrichtungszahl. Ab diesem Moment bleiben Sie so lange auf Kurs, bis Sie das gewünschte Ergebnis erreicht haben. Dabei geht es um langfristig ausgelegte Lebensfreude anstelle eines kurzen Emotionshochs. Die beste Tageszeit zum Fokussieren nach dieser Art ist die Zeit zwischen Erwachen und wach sein. Mit dem Autofokus werden in diesen wenigen Momenten neue Impulse gesetzt, die das Tagesgeschehen und damit auch Ihre Arbeitsleistung längerfristig steigern.

Autofokus

Der Name ist Programm. „Auto“ steht für automatisch und genau darauf zielt dieser Fokus ab. Es handelt sich hierbei um einen Fokus, den Sie über Jahre bereits so tief verinnerlicht haben, dass Sie ihn gar nicht mehr bewusst wahrnehmen. Er ist auch verantwortlich für unsere täglichen Gewohnheiten und resultiert aus den Erfahrungen, die Sie im Laufe Ihres Lebens gemacht haben. Das kann positiv oder negativ sein. Wenn Sie sich in falsche Routinen verstricken, sich verzetteln und nicht mehr zurückfinden, dann wäre es an der Zeit, den Autofokus durch den Kursfokus zu korrigieren.

OPTIMALE VORBEREITUNG AUF DIE FOKUS-SESSION

Flow stellt den besten Zustand dar, den Sie für volle Konzentration bei der Arbeit erreichen können. Da Flow eine so immense Bereicherung für unsere Leistungsfähigkeit und auch für die Lebensqualität aufweist, ist diesem Super-Zustand mit Kapitel 7 ein ganz eigener Abschnitt gewidmet.

Wie können Sie sich am besten auf eine Fokus-Session vorbereiten? Die unabdingbare Voraussetzung für das Fokussieren nach der Brennglastaktik besteht darin, dass Sie Ihr Ziel klar und deutlich definieren. Nutzen Sie die SMART-Methode aus Kapitel 1, diese eignet sich hervorragend zum Ausformulieren eines Zieles. Im zweiten Schritt optimieren Sie Ihren Arbeitsplatz und Ihr Arbeitsumfeld wie in Kapitel 2 beschrieben. Wenn nicht gerade ein kurzfristiger Termin vorgegeben ist, können Sie das Setzen eines Zeitlimits vernachlässigen. Die Dauer des fokussierten Arbeitens ist auf natürliche Weise begrenzt und irgendwann tauchen Sie von allein aus diesem optimalen Leistungszustand wieder auf.

GEHIRNWELLENARTEN UND IHRE BEDEUTUNGEN

Unser Gehirn besteht aus Millionen von Zellen, den sogenannten Neuronen. Gehirnwellen bezeichnen die Schwankungen zwischen unterschiedlichen Spannungen. Man kann sie aufzeichnen und sie werden in Frequenzen gemessen. Die Maßeinheit hierfür lautet Hertz (Hz), also die Anzahl der Schwingungen pro Sekunde. Unterschiedliche Gehirnwellen verändern unseren Bewusstseinszustand. Je nachdem, auf welcher Frequenz wir uns gerade befinden, ergibt sich ein Zustand zwischen Tiefschlaf und höchster Konzentration.

Gammawellen für allerhöchste Konzentration

Frequenzbereich zwischen 38 und mittlerweile bis zu 100 gemessenen Hz

Gammawellen sind schwer messbar und stehen nicht selten im Zusammenhang mit übersinnlichen, transzendenten Erfahrungen. Immer dann, wenn sich ein Mensch im Bewusstseinszustand stärkster Fokussierung befindet, könnte dies auf Gammawellen zurückzuführen sein.

Betawellen für waches Bewusstsein

Frequenzbereich zwischen 15 und 38 Hz

Auch Betawellen sind immer noch ziemlich hochfrequent. Sie stehen für den normalen wachen Zustand, in dem sich die Menschen über den Großteil des Tages befinden. Für die Konzentration sind Betawellen weniger interessant, da die Aufmerksamkeit hierbei eher nach außen gerichtet ist.

Alphawellen für Tagträumereien

Frequenzbereich zwischen 8 und 14 Hz

Wenn Sie sich entspannt fühlen, sich im leichten Meditationsmodus befinden oder sich in Tagträumereien verlieren, befinden Sie sich mit großer Sicherheit im Frequenzbereich der Alphawellen. Sie stellen die Schwelle zur tieferen Meditation dar und bieten die Grundlage dafür, dass Informationen tieferliegender Frequenzbereiche in unser Bewusstsein dringen können. Der Entspannungszustand ist für die Konzentrationsfähigkeit von großer Bedeutung.

Thetawellen für nächtliche Traumzustände

Frequenzbereich zwischen 4 und 7 Hz

Thetawellen werden in der REM-Schlafphase gemessen, also dann, wenn wir träumen. Auch in tiefen Meditationszuständen sind sie nachweisbar. Um die Informationen, die Thetawellen vermitteln, bewusst wahrnehmbar zu machen, bedarf es immer der Kombination mit Alphawellen. Das ist auch der Grund, warum wir zwar jede Nacht mehrmals träumen, uns nach dem Aufwachen aber nur selten an den Inhalt des Traumes erinnern können.

Deltawellen für tiefen traumlosen Schlaf

Frequenzbereich zwischen 0,5 und 3 Hz

Im Tiefschlaf erholen wir uns am intensivsten. Die Gehirnwellen im Deltabereich schwingen auf einer extrem niedrigen Frequenz. Wenn Deltawellen mit anderen Gehirnwellenarten gemeinsam auftreten, nimmt man das oft an intuitiven Zustand wahr. Menschen, die sich gut und schnell in andere Menschen oder Situationen hineinfühlen können, verfügen oft über erhöhte Anteile von Deltawellen.

MANIPULATION VON GEHIRNWELLEN

Die gute Nachricht ist, wir sind unseren Gehirnwellen nicht machtlos ausgeliefert. Wir können sie durch verschiedene Praktiken beeinflussen. Die einen mehr, die anderen weniger, denn bei den verschiedenen Gehirnwellenarten gelingt die Beeinflussung unterschiedlich gut. Je nachdem, ob Sie schlafen oder wach sind, meditieren oder sich sportlich betätigen, lesen oder schreiben: Jede Tätigkeit beansprucht unterschiedliche Gehirnwellen oder deren Kombinationen. Daher leuchtet es sicher ein, dass Konzentration mit einer bewussten Beschäftigung direkter zu trainieren ist als eine unbewusste Aktion.

DEM MYTHOS MULTITASKING AUF DER SPUR

Was vielleicht beim Zahneputzen mit gleichzeitigen Fitnessübungen möglich ist, das ist für konzentriertes Arbeiten gänzlich Utopie. Weder Frauen noch Männer können sich gleichzeitig auf mehrere Prozesse konzentrieren. Wie sagt ein Sprichwort doch so schön? „Eine Braut, die auf zwei Hochzeiten gleichzeitig tanzen will, wird am Ende ohne Bräutigam nach Hause gehen." Entscheiden Sie sich, was Sie wollen und legen Sie los. Bleiben Sie konzentriert und fokussiert am Ball, bis

die Aufgabe komplett abgeschlossen oder das Ziel erreicht ist.
Wenn man beim Arbeiten Musik hört oder beim Zeitunglesen nebenbei ins Brötchen beißt, ist das kein Multitasking. Die Konzentration liegt nämlich nur auf einer der beiden Handlungen. Die andere wird routiniert, also unbewusst, ausgeführt. Unser Gehirn kann keine zwei oder sogar noch mehr Informationen zur selben Zeit verarbeiten. Beim Denken gilt es, sich nur auf eine Sache auszurichten.

AUF EINE EINZIGE SACHE FOKUSSIEREN

In Kapitel 8 lernen Sie Techniken und Übungen kennen, mit denen Sie sich ganz gezielt auf nur eine Sache fokussieren können. Sie erfahren, wie Sie alles um sich herum ausblenden und Ihren Brennpunkt (Brennglasfokus) wie einen Laserstrahl auf die vor Ihnen liegende Aufgabe richten können. Auf diese Weise erreichen Sie zwar nicht mühelos, aber doch mit ziemlich großer Wahrscheinlichkeit jedes Ziel, das Sie anvisieren.

Kennen Sie diesen inneren Drang, etwas unbedingt zu wollen? Selbst der Gedanke, dafür hart arbeiten zu müssen, schreckt Sie nicht ab? Sie setzen all Ihre Energie ein, um das Gewünschte herbeizuführen. Kurzfristiger Verzicht oder Schmerz hindert Sie nicht daran, vorwärts zu drängen und sich Schritt für Schritt der Erreichung Ihres Vorhabens zu nähern. Nun, dann haben Sie ein Ziel gefunden, für das es sich zu kämpfen lohnt.

Gehen Sie noch einmal zum Eingangsbeispiel zurück. Der Anwalt Lennart macht es Ihnen vor, wie Sie sich zielgerichtet fokussieren können. Dazu müssen Sie nicht Ihr eigener Boss sein, das geht in nahezu jedem Berufsfeld. Lernen Sie, Ihre Tätigkeit zu schätzen, ja besser noch zu lieben und setzen Sie alles daran, sie gut zu machen. Vertrödeln Sie Ihre Zeit nicht, lassen Sie sich nicht von den Ablenkungen der Außenwelt beeinflussen. Das Wissen, wie Sie das am besten hinbekommen, haben Sie sich bereits in den Kapiteln zuvor ausführlich aneignen können. Das gilt selbstverständlich sowohl für private als auch für berufliche Aufgaben und Ziele.

WÜNSCHE SIND NICHT GLEICH ZIELE

Manchmal, zum Beispiel bei der Arbeit, wird uns das Ziel vorgegeben. Wir können nichts daran ändern. Beschweren hilft nichts, denn die Arbeit muss getan und die Aufgabe erledigt werden. Selbst dann, wenn Sie eine Einzelaufgabe überhaupt nicht mögen, ist das kein Grund, sie nicht fokussiert anzugehen und auszuführen. Lieben Sie Ihren Job prinzipiell, ist das klar von Vorteil. Denn dann werden Sie auch bei schwierigen oder unangenehmen Aufgaben kein Problem damit haben, genügend Energie und Motivation aufzubringen, um Ihr von außen gestecktes Ziel zu erreichen.

Im privaten Bereich ist es nicht immer ganz einfach, ein konkretes Ziel zu finden, für das Sie kämpfen und sich fokussieren möchten. Sie glauben vielleicht, sich ganz sicher zu sein, was Sie erreichen wollen. Doch gerade in dem Moment, wo Sie Ihre Energie auf Ihr Ziel richten wollen, fällt Ihnen ein neues lohnenswertes Ziel ein. Wenn Sie diesen Zustand nur allzu gut kennen, weil er Ihnen schon Ihr ganzes Leben lang ständig widerfährt, dann haben Sie jede Menge Wünsche, aber kein echtes Ziel.

Sich einen Wunsch zu erfüllen ist schön und keinesfalls verboten. Es macht Sie für einen kurzen Moment glücklich. Doch schon bald denken Sie nicht einmal mehr daran. Es wäre auch kein Beinbruch gewesen, wäre dieser Wunsch nicht erfüllt worden. Ihr Leben und Ihre innere Freude hätten daran keinen oder allenfalls einen sehr geringen Schaden genommen.

WIE UND WO FINDE ICH MEIN ZIEL?

Hören Sie in sich hinein. Wünsche und Ziele lassen sich sehr einfach auseinanderhalten. Ein Ziel ist etwas, wofür Sie leidenschaftlich brennen. Es kann materieller oder ideeller Natur sein, das spielt keine Rolle. Ganz gleich, was es auch ist. Fühlt sich Ihr Leben für Sie nur noch halb so wertvoll an, wenn Sie dieses Ziel nicht erreichen, dann steckt schon sehr viel Potential drin. Dringen Sie an dieser Stelle noch tiefer zu sich selbst vor und suchen Sie nach den Gründen, warum Sie dieses Ziel unbedingt erreichen wollen? Tun Sie es für sich selbst und weil Sie es wollen? Oder hat Ihnen eine andere Person diesen Floh ins Ohr gesetzt und Sie fügen sich lediglich dem Wunsch? Nur wenn es Ihr ureigener Herzenswunsch ist, wird daraus ein wirkliches Ziel.

Ziele brauchen Motivation und Emotion. Wenn Sie die Vorstellung, nach langer und vielleicht auch harter Arbeit endlich an Ihrem Ziel angekommen zu sein, ganz kribbelig macht und Sie es kaum erwarten können, dorthin zu gelangen, dann ist es wahrscheinlich echt. Malen Sie sich das Erreichen Ihres Zieles in den buntesten Bildern aus. Lassen Sie diese farbenfrohen Bilder so oft wie möglich vor Ihrem geistigen Auge an sich vorüberziehen. Wie fühlt es sich an? Sind Sie von Ihren eigenen Emotionen in diesem Moment vielleicht einfach nur überwältigt? Worauf warten Sie dann noch? Gehen Sie drauf los und kämpfen Sie. Fokussieren Sie sich und lassen Sie nicht zu, dass Sie jemand vom Weg abbringt. Nicht einmal Sie selbst.

AUF DEN PUNKT GEBRACHT

Unsere Gedanken beeinflussen sehr stark unser Handeln. Wollen wir unser Denken auf konzentriertes Arbeiten ausrichten, können wir uns das Wissen über Gehirnwellen und Techniken zur Fokussierung zu eigen machen. Nochmals für Sie eine kurze Zusammenfassung der wichtigsten Punkte dieses Kapitels:

- Der Fokus bestimmt, wo Sie langwollen und wohin Sie Ihre Aufmerksamkeit lenken.
- Gehirnwellen schwingen in unterschiedlichen Frequenzbereichen und kennzeichnen verschiedene Bewusstseinszustände, von Tiefschlaf bis höchste Konzentration.
- Multitasking ist ein Ammenmärchen. Das gilt für Mann und Frau gleichermaßen.
- Wünsche und Ziele unterscheiden sich maßgeblich voneinander.
- Für ein echtes Ziel brennen Sie und bringen die notwendige Motivation und den Fokus mit, es zu erreichen.

TOOLBOX

Visualisierung

Es gibt mehrere Möglichkeiten der Visualisierung. Eine davon wäre das Journal aus einem früheren Kapitel. Eine andere wäre eine sogenanntes Visionboard. Es ist eine Pinnwand oder gar eine ganze Wand, bestückt mit Bildern, Texten, Ideen, Inspirationen, Vorbildern oder Zitaten. Diese sollten alle auf ein bestimmtes Themengebiet zielen: Ihre Träume, Ihre Erfolge und Ihre Ziele. Viele hängen sich Bilder ihrer Familie, eines Sportwagens, ihres Traumreiseziels oder ihrer Vorbilder auf. Wer das Prinzip der Visualisierung für sich nutzt, behält außerdem Kontrolle darüber, dass er sich noch auf dem richtigen Kurs befindet.

Brain-Sound Gehirnwellenstimulation

Diese Software wurde erfunden, um mit Naturklängen und Musik Gehirnwellen ganz gezielt zu beeinflussen. Es gibt mehrere Modulationen, je nachdem, welche Hirnleistung angesprochen werden soll. Zur Konzentrationssteigerung wird ebenfalls eine CD mit entspannenden und stimulierenden Tönen auf Thetafrequenz angeboten.

Mindly

Mindly ist eine App basierend auf dem MindMap-Prinzip. Sie eignet sich wunderbar, um Gedanken zu organisieren, zu optimieren und aus ihnen fruchtbare Ideen zu entwickeln.

KAPITEL 7

DER FLOW-ZUSTAND

Johanna wird von ihrer Kollegin gerufen. Sie reagiert nicht. Auch ein erneutes lauteres Rufen verhallt ungehört und reaktionslos. Die 42-Jährige sitzt auf Ihrem Stuhl und streicht über die Seiten ihres Kontrabasses. Immer wieder spielt sie die gleiche Melodie. Sie ist versunken in ihrer Welt der Musik und nimmt nicht das Geringste aus ihrer Umgebung wahr. So versonnen es auch aussehen mag, Johanna ist ganz und gar bei der Sache. Sie hält den Bogen mit größter Spannung und konzentriert sich auf jeden einzelnen Ton. Katja hätte gern zusammen mit ihr geprobt, doch das war in diesem Moment völlig aussichtslos. Erst nach mehr als einer halben Stunde tauchte Johanna mit glühenden Wangen und einem Strahlen im Gesicht wieder auf. Sie blickte direkt in Katjas Augen und wunderte sich über deren verärgerte Mimik. „Ich glaube, du warst gerade auf einem anderen Planeten", gab die Kollegin zurück. Ihre Verärgerung galt nicht in erster Linie der Musikerin, sondern ihr selbst. Wie gerne würde auch sie sich nur ein einziges Mal so stark mit ihrer Musik und ihrem Instrument verbunden fühlen, dass sie alles um sich herum vergäße.

Wahrlich, sie sind zu beneiden – die Menschen mitten unter uns, die sich so komplett in ihre Arbeit oder eine Tätigkeit hineinsinken lassen können und im Zustand vollkommener immerwährender Glückseligkeit zu verweilen scheinen.

WAS IST DER FLOW-ZUSTAND?

Die deutsche Bezeichnung für Flow ist Fließen oder Strömen. Genau das trifft diese tiefe emotionale Erlebnisebene auf den Punkt. Man könnte diesen Zustand guten Gewissens als Optimum von Herausforderung und Fähigkeit bezeichnen. Zwischen den beiden Extremen Langeweile (oder auch Unterforderung) und Angst (Stress, Überforderung) liegt eine optimale Aufmerksamkeitslinie, die eine enorme Schaffenslust erzeugt – der Flow. Die Flow-Theorie oder auch schöpferische Leidenschaft geht auf den amerikanischen Glücksforscher Mihály Csíkszentmihályi zurück.

ACHT WEGE ZUM FLOW

Von ihm stammen auch die sogenannten acht Elemente der Flow-Erfahrung. Um überhaupt erst einmal in einen Flow-Zustand zu gelangen, bedarf es gewisser Voraussetzungen (Elemente 1 bis 3). Nur wenn diese erfüllt sind, ist es möglich, eine solch tiefgreifende, meist hochemotionale und persönliche Erfahrung (Elemente 4 bis 8) zu erleben.

Element 1 – klares Ziel und direktes Feedback

Kommt häufig im Sport oder bei Künstlern zum Tragen. Die Regeln sind eindeutig, die Handlungen ebenso. Erfolg oder Misserfolg sind sofort ablesbar.

Element 2 – hohe Konzentration in eingegrenztem Bereich

Tiefes Eintauchen in eine Aktion ist hierdurch möglich. Ausgang oder Ergebnis sind aber oft eher verwirrend.

Element 3 – Verhältnis zwischen persönlichem Können und Anforderung

Bezieht sich auf die Flow-Definition schlechthin. Die Fähigkeit muss zur Aufgabe passen, damit sich das Flow-Gefühl überhaupt einstellen kann.

Element 4 – alles unter Kontrolle

Die stärker als üblich erlebte Kontrolle innerhalb eines Flow-Zustandes bezieht sich auf das Gefühl des gelösten Seins und dem Fehlen von Angst.

Element 5 – alles läuft mühelos

Wer auf dieser Stufe im Flow ist, dem scheint subjektiv alles ohne Anstrengung von der Hand zu gehen und im wörtlichen Sinne zu fließen. Von außen wird die Handlung jedoch ganz anders betrachtet.

Element 6 – Zeitempfinden ist ausgeschaltet

In diesem Stadium hat der Flow-Erlebende keinerlei Gefühl für normale Zeitabläufe. Diesem Element ist unser Eingangsbeispiel zuzuordnen.

Element 7 – Handeln und Bewusstsein werden eins

Die ausgeführte Tätigkeit und die dafür aufgewandte Aufmerksamkeit verschmelzen miteinander. Das heißt, die handelnde Person fühlt sich nicht mehr als eigenständiges Wesen, sondern ist eins mit ihrer Aktion.

Element 8 – IROI oder autotelisches Flow-Erlebnis

IROI bedeutet „Immediate Return on Investment", was so viel heißt, wie die Aktivität selbst erzeugt die Befriedigung und nicht erst das

Ergebnis der Handlung. Die Bezeichnung „autotelisch“ stammt aus dem Griechischen und setzt sich zusammen aus den Wortteilen selbst und Ziel. Die Handlung wird also einzig zum Selbstzweck ausgeführt, nicht um des Ergebnisses Willen.

WIE ENTSTEHT FLOW?

Kennen Sie das Gefühl, mit sich selbst und dem, was Sie gerade tun, vollkommen glücklich und im Reinen zu sein? Die Gewissheit zu verspüren, an keinem anderen Ort der Welt und in keiner anderen Tätigkeit wären Sie zum jetzigen Zeitpunkt besser aufgehoben? Haben Sie auch manchmal unbändige Lust darauf, sich einer bestimmten Aufgabe intensiv zu widmen, weil Sie wissen, dass es „Ihr Ding“ ist. Dann ist es ziemlich wahrscheinlich, dass Sie sich gerade im Flow befinden.

Wenn Zeit und Raum keine Rolle mehr spielen und Sie überhaupt nicht bemerken, wenn um Sie herum die Welt einstürzen würde, dann sind Sie in einem rauschähnlichen Zustand. In dieser Zeit wird vermehrt Dopamin ausgeschüttet. So bezeichnet man das Glückshormon und daraus ergibt sich natürlich auch die Grundlage, sich tatsächlich glücklich und zutiefst zufrieden zu fühlen. Wie lange der Glückszustand anhält, ist nicht vorhersehbar.

Falls Sie nun glauben, der Flow-Zustand sei nur den besonders kreativen Menschen vorbehalten, irren Sie sich. Dieser Tätigkeitsrausch lässt sich tatsächlich erlernen. Das funktioniert zum einen über die Beeinflussung unserer Gehirnwellen, wie in Kapitel 6 aufgezeigt. Zum anderen ist die absichtliche Fokussierung unserer Aufmerksamkeit auf eine bestimmte Handlung nichts anderes als Konzentration. Flow ist demnach lediglich eine besonders intensive Stufe konzentrierten Arbeitens.

IST FLOW GEFÄHRLICH?

Der positive Aspekt, die Ausschüttung des Hormons Dopamins, birgt leider auch Gefahren, derer wir uns nur selten bewusst sind. Umso mehr wissen Programmierer von Video- und Computerspielen darüber Bescheid. Sie machen sich den Flow-Zustand zunutze. Ihr Ziel ist es, den Spieler genau dahin zu bringen, wo er nicht mehr aufhören will und kann. Es ist nicht ausgeschlossen, dass sich im extremen Fall aus einem solchen „Dauer-Flow" eine Sucht entwickelt.

AUF DEN PUNKT GEBRACHT

Wer den Flow-Zustand am eigenen Leib erfahren möchte, braucht dafür zwar etwas Geduld, aber unmöglich ist es nicht. Hier noch einmal zusammenfassend alles Wissenswerte zum Thema:

- Flow ist die perfekte Balance zwischen Über- und Unterforderung.
- Die acht Elemente der Flow-Erfahrung decken die gesamte mögliche Erlebnispalette ab.
- Im mentalen Rauschzustand vollkommener Konzentration entsteht Flow.
- Der Zustand des Flow ist erlernbar, benötigt aber etwas Übung.
- Im Flow arbeitet unser Gehirn hochkonzentriert und fokussiert.
- Flow birgt bei allem Glücksgefühl auch die Gefahr, zur Sucht zu werden.

TOOLBOX

7Mind Meditations-App

Eine für Neulinge und Einsteiger konzipierte App, um innerhalb einer Woche die Meditationsgrundlagen zu erlenen. Dieser Grundkurs ist kostenlos und jede Einheit erstreckt sich über eine Zeitspanne von sieben Minuten. Für weiterführende Kurse kann man zwischen Einzelkauf oder Jahresabo wählen. Eine gute Alternative ist Headspace, diese ist allerdings auf Englisch.

Flowletics-App

Flowletics ist eine App mit einem einzigen Ziel: Sie in den Flow-Zustand zu bringen. Dies gelingt mit geführten Audiosessions, Flow-Statistiken und eine auf Ihre Persönlichkeit zugeschnittene Oberfläche.

Bücher zum Thema Flow

Neben Apps gibt es viele gute Bücher zu diesem Thema. Eines davon wäre „Mindflow“ von Tom Mögele. Eine Alternative stellt das Buch „Flow. Das Geheimnis des Glücks“ von Mihály Csíkszentmihályi dar.

KAPITEL 8

KONZENTRATION: TECHNIKEN UND ÜBUNGEN

WIE SIEHT WIRKSAMES GEHIRNTRAINING AUS?

Konzentration lässt sich trainieren und zwar zu jeder Tageszeit. Ob Sie also wach und bewusst sind oder schlafen und unbewusst: Sie können stets eine ganze Menge tun, um Ihrem Gehirn zu mehr Leistung und Konzentration zu verhelfen. Es gibt im Wesentlichen drei Arten von Konzentrationsübungen und -techniken:

1. Neues lernen!

Wenn Sie Ihrem Gehirn etwas vorsetzen, was es noch nicht kennt, bedeutet dies eine Herausforderung, der es sich stellen muss. Wichtig hierbei ist, dass es nicht zur Überforderung kommt. Denn dann ist das Training komplett unwirksam. Ein gutes Beispiel hierfür ist zum Beispiel das Rückwärtslesen. Während Wörter mit zwei bis sieben Buchstaben nahezu überhaupt keine Anstrengung erfordern, sieht das mit acht bis zwölf Buchstaben schon etwas anders aus. Im ersten Fall werden Sie das Wort sofort im Ganzen erfassen und lesen können. Bei der mittleren Wortlänge benötigt es Aufmerksamkeit, um das Wort Buchstabe für Buchstabe zu lesen. Ist zwar immer noch kein großes Problem, aber zum Trainieren der Konzentration ist dieser Bereich ideal. Bei mehr als 13 Buchstaben stellen viele fest, dass die Konzentration wieder schwindet. Aus dem Lesen wird dann eher ein Raten. Rätsel trainieren unsere Aufmerksamkeit zwar auch, aber das ist hier nicht gemeint. Sollten Sie das Gefühl haben, Ihr Fokus springt hin und her, während Sie versuchen das lange Wort zu lesen, ist die

Herausforderung zu groß und die Übung trägt nicht mehr zur Verbesserung Ihrer Konzentration bei. Das Ganze funktioniert übrigens genauso gut mit Schreiben.

Lesen ist ohnehin eine der besten Methoden überhaupt, unsere Gehirnleistung stetig zu verbessern. Wenn Sie ein Buch lesen, müssen Sie sich auf die Handlung konzentrieren. Egal ob es sich um ein Sachbuch oder einen Roman handelt: Wenn Sie unkonzentriert sind, können Sie den Inhalt nicht erfassen. Dann bleibt das Gelesene nicht im Gedächtnis und Sie können nichts damit anfangen. Das ist Ihnen vielleicht schon einmal so ergangen, wenn Sie abends vor dem Einschlafen lesen wollten und schon sehr müde waren. Am nächsten Tag erinnern Sie sich kaum noch daran, was Sie gelesen haben. Im schlimmsten Fall müssen Sie mehrere Seiten zurückblättern, weil der eigentlich schon bewältigte Lesestoff inhaltlich komplett an Ihnen vorübergegangen ist. Bewusstes Lesen bildet also nicht nur, sondern fördert auch die Konzentration bei gleichzeitiger Blutdruckabsenkung. Welch ein wunderbarer Jungbrunnen für unser Gehirn.

2. Körper und Geist entspannen, Sauerstoffgehalt erhöhen!

Dies ist der zweite Weg, mit dem Sie Ihre Konzentrationsfähigkeit steigern können. Haben Sie schon einmal die Floskel „klug im Schlaf" gehört oder gelesen? Wahrscheinlich lächelten Sie eher milde darüber, als die Aussage ernst zu nehmen. Doch die Bedeutungen von Erholung und vor allem von gesundem Schlaf für mehr Konzentration sind signifikant. Nach einer durchzechten Nacht hindert Sie nicht nur die eventuell genossene Alkoholmenge daran, wieder klar zu denken. Der Schlafentzug hat den Löwenanteil am Wattegefühl im Kopf. Vor Prüfungen und wichtigen Meetings sowie vor größeren beruflichen wie privaten Entscheidungen sollten Sie also unbedingt ausreichend schlafen. Wenn Sie nicht zu den beneidenswerten Menschen gehören, die sich ins Bett legen und binnen weniger Sekunden einschlafen, dann probieren Sie es doch einmal mit Atemübungen. Ziel ist es, die Zeit bis zum Einschlafen zu verkürzen und die Schlafqualität zu erhöhen.

Simpel und effektiv – die 4-7-8-Atemtechnik

Hierbei atmen Sie im ersten Schritt durch die Nase ein und zählen bis vier. Halten Sie den Atem für sieben Sekunden an. Schließlich atmen Sie durch den Mund wieder aus, während Sie bis acht zählen. Bitte achten Sie darauf, dass die Zunge am Gaumen anliegt und sich hinter der oberen Zahnreihe befindet. Die Atemluft entweicht hörbar über die seitlichen Zungenränder. Bei dieser Atemtechnik erhöht sich die Sauerstoffaufnahme im Blut und der Puls wird gesenkt. Durch die bessere Sauerstoffsättigung schlafen Sie nicht nur besser, sondern fördern auch Ihre Konzentration.

Trick: Gehirnwellen auf Konzentration trimmen

Wenn Sie sich bei einer anstehenden Arbeit massiv konzentrieren wollen, aber irgendwie nicht den vollen Fokus darauf lenken können, gibt es eine Übung, die Ihnen helfen wird. Nehmen Sie sich eine Minute Zeit und visieren Sie einen festen Punkt in Ihrer Umgebung an. Beispielsweise einen Flaschendeckel, ein Pflanzenblatt, die Webcam von Ihrem Computer oder Ähnliches. Wenden Sie Ihren Blick keine Sekunde von diesem Punkt ab. Schauen Sie eine Minute lang ganz fokussiert nur auf diesen Punkt. Wenn Sie das tun, verändern sich die Gehirnwellen, weil Sie das Gehirn dazu zwingen, sich zu konzentrieren. Sie werden sehen, die Arbeit wird Ihnen danach leichter fallen.

Kauen Sie Kaugummi

Es wird zwar allgemein eher als Unsitte angesehen, ist für die Konzentration aber förderlich: Kaugummi kauen. Durch die Kaubewegung wird zum einen der Speichelfluss angeregt. Zum anderen verbessert sich die Blutzufuhr ins Gehirn um immerhin 25 %. Schon dieser Fakt kann dafür verantwortlich sein, dass Ihr Konzentrationsvermögen steigt. Wissenschaftlich bewiesen ist die erhöhte Leistungsfähigkeit zwar nicht, aber Ausprobieren schadet sicher nicht.

In diese zweite Kategorie gehören auch Meditation und Yoga. Beiden Techniken wird weiter hinten jeweils ein eigener Abschnitt entwickelt.

3. Optimale Raum- und Arbeitsbedingungen schaffen

Diese Rubrik gehört zwar nicht direkt zu den Konzentrationstechniken, bildet aber die Grundlage dafür. Üben kann man an jedem beliebigen Ort, das stimmt schon. Doch wenn das Raumklima optimale Bedingungen aufweist, fällt das Training wesentlich leichter. Von Kindern können wir es abschauen: Sie sind oft so in ihr Spiel vertieft, dass sie nichts um sich herum wahrnehmen. Natürlich gelingt das am besten, wenn sie in gewohnter Umgebung mit dem spielen, was sie kennen. Sie müssen Ihre Aufmerksamkeit nicht auf Unbekanntes lenken und nicht ständig kontrollieren, ob von außen Gefahren drohen. In einem behüteten und geschützten Umfeld fühlen Sie sich frei und lassen Ihren Gedanken und Ideen freien Lauf. Das fördert die Kreativität in höchstem Maße.

Diesem Beispiel sollten wir als Erwachsene unbedingt folgen. In Kapitel 2 haben Sie erfahren, wie Sie Ihren Arbeitsplatz optimieren können, um geistige Höchstleistungen zu ermöglichen. Nutzen Sie diese Umgebung für Atemtechniken, einer kleinen Sitz-Meditation oder Zählübungen. Achten Sie dabei nicht nur auf Ordnung, Helligkeit und Ruhe, sondern auch auf eine konzentrationsfördernde Raumtemperatur. Generell gilt zum Arbeiten in geistigen Berufen: warme Füße, kühler Kopf.

MAXIMALE ERGEBNISSE BEI MINIMALEM ZEITEINSATZ

Das eigentliche Ziel ist das konzentrierte Arbeiten. Natürlich möchte niemand wertvolle Zeit mit Übungen „vergeuden“. Daher bedürfen die meisten Übungseinheiten auch nur einer kurzen Zeitspanne. Schon mit einer halben Stunde am Tag lassen sich beachtliche Resultate erzielen. Dabei ist es gleichgültig, ob Sie am Stück üben oder immer mal wieder eine Mini-Session einschieben. Diese kurzen Aktionen sind oft sogar noch wirkungsvoller, da sie den Fokus für wenige Minuten auf eine ganz bestimmte Sache lenken. Tun Sie das im Tagesverlauf immer wieder, stärkt sich jedes Mal Ihre Aufmerksamkeit ein wenig mehr.

MEDITATION WIRKT SICH POSITIV AUF DIE KONZENTRATION AUS

Beim Meditieren geht es darum, den Geist zur Ruhe zu bringen und die Energie möglichst frei durch den Körper fließen zu lassen. Gedanken sollen weitestgehend ausgeschaltet werden. Die Gehirnwellenfrequenzen verschieben sich, der Puls sinkt ab und die geistige Ruhe breitet sich nach und nach im Körper aus. Meditation kann sowohl spirituelle als auch traditionelle Wurzeln haben.

Wenn Sie gerade erst mit dem Meditieren beginnen, kann es vorkommen, dass Sie während der Übung innere Unruhe verspüren. Sie haben das Gefühl, keine Sekunde mehr länger ruhighalten zu können. Der Drang nach Bewegung hat schon so mache Meditationseinheit vorzeitig beendet. Bei manchen fällt die Lust aufs Meditieren nach solchen Erfahrungen rapide ab. Doch nach der Lust fragen Sie erst gar nicht und Geduld zahlt sich aus. Bei täglicher Meditation von fünf bis zehn Minuten spüren Sie nach etwa zwei Wochen deutliche Verbesserungen. Sie fühlen Sich körperlich entspannt und geistig wach.

Hier sind zwei einfache Techniken für den Anfang:

#1

- Suchen Sie sich einen ruhigen Ort, an dem Sie sich entspannen können.
- Setzen Sie sich bequem hin (auf ein Kissen o. Ä.), aber halten Sie Ihren Oberkörper stets aufrecht, ohne dabei zu verkrampfen. Die Hände können Sie einfach auf Ihren Schoß legen.
- Schließen Sie die Augen und kommen Sie zu Ruhe.
- Atmen Sie fünfmal tief ein und aus.
- Fangen Sie an, sich Ihre Atembewegungen bewusst zu machen und diese für die folgenden 10 Minuten zu beobachten. Halten Sie dabei Ihre Augen geschlossen.
- Wenn die Gedanken abweichen, kehren Sie einfach zu Ihrem Atem zurück und bleiben Sie dabei, bis die zuvor am Wecker eingestellte Zeit abläuft. Wenn er klingelt, sind Sie fertig und können achtsam in Ihren Alltag zurückkehren.

#2

- Diese Meditationstechnik ist etwas aktiver.
- Suchen Sie sich eine kurze Laufstrecke aus.
- Gehen Sie diese auf und ab und schweifen Sie nicht davon ab.
- Konzentrieren Sie sich auf jede einzelne Muskelbewegung in Ihren Beinen.
- Versuchen Sie, Atem- und Gehrhythmus vorsichtig anzugleichen, sodass es für beide Aktivitäten angenehm ist.
- Achten Sie durchgehend darauf, Ihre Muskeln und Ihren Atem zu spüren.
- Wenn Sie fertig sind, setzen Sie sich ein Moment hin, lassen in vollem Bewusstsein die Muskeln entspannen und kehren allmählig in den Alltag zurück.

Meditation funktioniert aber nicht nur im Ruhezustand, sondern auch in Verbindung mit Bewegung wie beispielweise beim Yoga.

UNIVERSALTALENT YOGA

Yoga sollte eigentlich als Pflichtfach in Schulen aufgenommen werden. Alle sensorischen und mentalen Körperfunktionen lassen sich mit dieser Bewegungstechnik effektiv beeinflussen und signifikant verbessern. Konzentration nennt sich im Yoga Dharna. Auch wenn jede Übung (Asana) im Yoga durch die darauf gerichtete Aufmerksamkeit konzentrationsfördernd wirkt, gibt es doch vier spezielle Asanas, die im besonderen Maße die Gehirnleistung steigern.

Utkatsana

- Stellen Sie Ihre Füße parallel in Hüftbreite nebeneinander.
- Strecken Sie die Arme nach vorne mit den Handflächen nach unten. Halten Sie dabei Ihre Ellenbogen gestreckt und die Schultern unten.
- Beugen Sie nun die Knie und kippen Sie das Becken leicht nach hinten, so als würden Sie sich auf einen Stuhl setzen. Die Fersen bleiben dabei fest am Boden.
- Versuchen Sie, dabei entspannt zu bleiben. Der Rücken bleibt gerade und es hilft, die Bauchmuskeln anzuspannen. Zur besseren Konzentration können Sie die Augen schließen.
- Gehen Sie Stück für Stück weiter runter, als würden Sie in einen tiefen Sessel einsinken. Achten Sie hierbei darauf, dass Ihre Knie nicht über die Fußspitzen hinausragen.
- Wenn es der richtige Zeitpunkt für Sie ist, richten Sie sich langsam mit geradem Rücken wieder auf.

Ekpadasana

- Beginnen Sie in einer stehenden Vorwärtsbeuge mit beiden Händen am Boden.
- Verlagern Sie das Gewicht auf ein Bein, heben Sie das andere nach hinten hoch und öffnen Sie die Hüfte. Strecken Sie den Fuß mit angezogenen Zehen bis zur Decke (so hoch wie möglich).
- Bringen Sie Ihre Hände wieder in eine Linie mit Ihren Zehen und lassen Sie den Kopf hängen. Atmen Sie in dieser Position mindestens dreimal tief durch.

Talasana

- Ausgangsposition ist der aufrechte Stand.
- Verschränken Sie Ihre Finger und legen Sie so Ihre Hände mit

dem Handrücken auf Ihrem Kopf ab. Die Handflächen zeigen jetzt nach oben. Fixieren Sie einen Punkt am Boden.

- Einatmen: Verlagern Sie Ihr Gewicht nach vorne bis Sie auf den Zehenballen stehen. Strecken Sie gleichzeitig die Arme nach oben und halten Sie Ihre Schultern unten.
- Ausatmen: Lösen Sie Ihre Hände und bringen Sie sie über die Seiten zurück an Ihren Körper bis Sie in der Ausgangsposition stehen.

Yogenda pranayama

- Stellen Sie Ihre Füße parallel nebeneinander, ohne dass Sie sich berühren.
- Atmen Sie zehnmal hintereinander tief ein und aus.
- Konzentrieren Sie sich dabei ausschließlich und ganz bewusst auf Ihre Atmung.

ÜBEN GEHT IMMER UND ÜBERALL

Sie brauchen weder einen speziellen Raum noch Extrakleidung, um Ihre Konzentrationsfähigkeit zu trainieren. Ob Sie unterwegs sind, an der Kasse im Supermarkt stehen oder zu Hause gemütlich auf der Couch liegen: Wo immer Sie sich gerade befinden, suchen Sie sich eine Übung aus (z. B. ein Farbenrätsel) und fangen Sie an Ort und Stelle an. Sie werden merken, wie Sie in kürzester Zeit schon mehr Dinge um sich herum wahrnehmen, die Ihnen bisher gar nicht aufgefallen sind.

Selbst im Restaurant finden sich Möglichkeiten, das Denkvermögen auf Trab zu bringen. Gehen Sie mit mehreren Freunden oder

Familienmitgliedern essen, versuchen Sie doch einfach mal, sich die Bestellwünsche aller am Tisch sitzenden Gäste zu merken. Bei Getränken, Vorspeise und Hauptgang kann man da ganz schön ins Schwitzen kommen. Der Spaßfaktor bleibt dabei aber garantiert nicht auf der Strecke.

Wenn Sie mögen, können Sie sich für die Meditations- und Yoga-Übungen selbstverständlich bequeme und stylische Trainingsklamotten oder eine Yoga-Matte bzw. ein Meditations-Kissen zulegen. Voraussetzung zum Trainieren sind diese Gegenstände jedoch nicht. Dafür reicht auch eine Decke, ein dickerer Teppich und ganz normale Hauskleidung, die nicht einengt und genügend Bewegungsfreiraum lässt.

REGELMÄSSIGKEIT IST DAS ZAUBERWORT

Für welche Übung oder Technik Sie sich auch entscheiden, es gilt immer dasselbe Prinzip: Praktizieren Sie sie regelmäßig. Nur wer Meditation, Atemtechnik oder Entspannungsübungen immer und immer wieder durchführt, wird langfristig mit Erfolg belohnt. 21 Tage am Stück sollten Sie mindestens für das Training aufwenden. Nach etwa zwei Monaten spüren Sie mit Sicherheit deutliche Fortschritte, sogar dann, wenn Sie gerade nicht üben. Denn je länger Sie üben, desto nachhaltiger sind die Ergebnisse.

Bekämpfen Sie Ihren inneren Schweinehund und zeigen Sie ihm, dass auch er davon profitiert. Lassen Sie keine Ausreden gelten und bleiben Sie beharrlich bei dem, was Sie sich vorgenommen haben. Mit der Zeit wird der Nörgler in Ihnen leiser werden und mit ein bisschen Glück ganz verschwinden. Dann gehört Gehirnjogging wie Zähneputzen und Anziehen zu Ihren alltäglichen Routinen. Genau darum geht es ja schließlich. Sie möchten nicht nur einmalig aus einer Meditation oder einer Atemübung Nutzen ziehen, sondern permanent. Nur so sind kontinuierliche Verbesserungen Ihrer Konzentration und damit Ihrer Arbeitsleistung sichergestellt.

AUF DEN PUNKT GEBRACHT

Im Alltag begegnen uns zahlreiche Möglichkeiten, unser Konzentrationsvermögen zu trainieren und systematisch zu steigern. Hier nochmal die wichtigsten Übungen auf einen Blick:

- Gehirntraining bedeutet entweder Neues lernen, Entspannungstechniken anwenden oder die Bedingungen optimieren.
- Meditation und Yoga sind hocheffektive Techniken zur Konzentrationssteigerung.
- Üben kann man überall und ohne spezifische Ausrüstung.
- Kleine Einheiten zwischendurch sind wirkungsvoller als lange Übungsblöcke.
- Kontinuität schafft Erfolg: Mindestens 21 Tage am Stück üben.

TOOLBOX

Meditationskissen

Meditationskissen eignen sich hervorragend, um gemütlich im Schneidersitz zu sitzen und zu meditieren. Darüber hinaus fällt es damit leichter, den Rücken gerade zu halten.

Rätselhefte

Sie eignen sich tatsächlich für das Gehirnjogging. Studien belegen, dass Menschen die viel rätseln und knobeln, eine gesteigerte kognitive Leistungsfähigkeit besitzen. Zu allem Überfluss soll rätseln auch noch demenzvorbeugend sein.

Peak-Gehirntraining

Peak-Gehirntraining ist eine App mit vielen kleinen Spielen für kluge Köpfe. Im Grunde eine Rätselsammlung.

NeuroNation-Gehirnjogging

Hierbei handelt es sich ebenfalls um eine konzentrationsfördernde App. Diese hat allerdings einen wissenschaftlichen Hintergrund und kooperiert mit der Queens University, der Charité und weiteren wissenschaftlichen Instituten. Sie beinhaltet 15 auf den Nutzer zugeschnittene Kurse mit studiengeprüften Technologien.

KAPITEL 9

REGENERATION UND PAUSEN

Danny (38, Redakteur in einem Fachzeitschriftenverlag) sitzt seit Stunden an seinem Schreibtisch. Es scheint, als sei er in eine andere Dimension abgetaucht. Das einzige Geräusch, das von ihm ausgeht, ist das Klappern der Tastatur seines Rechners. Er muss nur noch diesen einen Bericht fertigschreiben. Sein Chef möchte ihn gleich morgen früh auf seinem Schreibtisch liegen haben. Kurz nach Mitternacht druckt Danny ein dreißigseitiges Dossier aus und legt es seinem Vorgesetzten auf den Platz. Danach fährt er seinen Rechner herunter, löscht das Licht im Büro und macht sich völlig ausgebrannt auf den Heimweg. Während der Fahrt nach Hause fallen ihm ein paar Mal beinahe die Augen zu. Als er am nächsten Morgen zur Arbeit kommt, ist er schon ganz aufgeregt und freut er sich auf das Lob seines Chefs, welches er für seine ausgezeichnete Leistung sicher gleich voller Stolz entgegennehmen darf. Doch statt eines Freudengesangs erntet er nur enttäuschtes Kopfschütteln über die vielen Fehler, die er offenbar am Vorabend gemacht hatte. Dabei war sich Danny so sicher gewesen, dass ihm der Text perfekt gelungen war.

Dieses kleine Beispiel schildert eindrucksvoll, was vielleicht jedem von uns schon einmal widerfahren ist. Wir wollen etwas unbedingt fertigstellen. Sei es, weil eine Terminfrist immer näher rückte oder andere Personen zur Eile drängten. Dann arbeiten wir bis an die Leistungsgrenze und darüber hinaus. Irgendwann bemerken wir die Fehler nicht mehr, die uns dabei unterlaufen. Die Konzentration über lange Zeit am Stück unvermindert aufrecht zu erhalten, ist nahezu unmöglich. Ganz egal, wie tief Sie im Flow sind oder wie sehr Sie Ihre

Konzentration trainieren, irgendwann sinkt die Leistung unwillkürlich. Soweit die schlechte Nachricht. Doch es gibt auch eine gute:

PAUSEN MACHEN DEN GEIST WIEDER FIT

Warten Sie nicht, bis Sie vor Müdigkeit umfallen oder anderweitig zur Pause gezwungen werden. Sie haben es vielleicht hier und da schon einmal gelesen. Das Gehirn ist wie ein Muskel. Folglich müsste es, wie Muskeln auch, erst durch den Wechsel aus Trainingseinheiten und Pausen zu Höchstleistungen in der Lage sein. Der zweite Teil stimmt zwar, doch der erste Satz ist nicht ganz korrekt. Muskelzellen bestehen aus Myozyten. Das Gehirn hingegen setzt sich aus Millionen von miteinander vernetzten Neuronen zusammen. Von ihnen wird jede einzelne Körperfunktion gesteuert. Vereinfacht gesagt, nehmen Neuronen Informationen auf, verarbeiten sie und geben sie dann an die entsprechenden Stellen im Körper weiter. Egal ob Muskel oder nicht: Verbessern können Sie Ihre Hirnleistung sowie Ihre kognitiven Fähigkeiten durch Pausen auf jeden Fall.

Wie Sie aus Kapitel 8 wissen, können Sie mit bestimmten Techniken und Übungen Ihrem Gehirn immer wieder neue Reize bieten und so Ihre Konzentration trainieren. Wie bei einem Muskel sollte auf eine Anspannung aber stets auch eine Phase der Entspannung folgen. Wenn Sie diesen Wechsel über einen längeren Zeitraum immer wieder anwenden, werden Sie spüren, wie Sie sich schneller auf Ihre Arbeit konzentrieren können. Ihr Arbeitspensum erhöht sich und Sie sind imstande, mehr als Ihre Kollegen zu leisten.

PAUSEN DÜRFEN NICHT VERNACHLÄSSIGT WERDEN

Um wirklich erfolgreich zu sein, ist es notwendig, regelmäßig für einen kurzen Zeitraum die Arbeit zu unterbrechen. Die größte Erholungsphase von Körper und Geist stellt zweifellos der Nachtschlaf dar. In Kapitel 4 wurden ein gesunder Schlaf und seine Auswirkungen auf die Konzentration bereits ausführlich erläutert. Hier geht es um die kleinen Pausen, die den Tag in einzelne Arbeitseinheiten unterteilen. Ohne diese Minierholungsphasen sinkt die Leistungs- und Konzentrationsfähigkeit sehr schnell ab und die Fehlerquote nimmt merklich zu.

Planen Sie von vornherein Unterbrechungen zur Regeneration in Ihren Arbeitsalltag ein. Sie nehmen einen genauso wichtigen Stellenwert ein wie die Aufgaben selbst. In Kapitel 3 sind wir auf das Führen von Arbeitsplanern und Terminkalendern eingegangen. Dort haben Sie alle Ihre notwendigen Aufgaben und Termine für den Tag eingetragen und priorisiert. Nun geht es darum, die Untergliederung der Arbeitseinheiten vorzunehmen und durch Pausen zu füllen. Die Zeiten, die sowohl Ihre Tätigkeiten als auch Ihre Pausen beanspruchen, notieren Sie sich mit in Ihr Arbeitsbuch. Und dann heißt es dranbleiben. Vielleicht gelingt es Ihnen nicht sofort, alles 1:1 umzusetzen. Möglicherweise spüren Sie auch noch nicht sofort eine Verbesserung und fühlen sich durch häufige Pausen eher gestört. Doch seien Sie geduldig und vertrauen Sie auf das Ergebnis. Sie wissen ja, die tägliche Routine verbessert signifikant Ihre Arbeitsleistung und damit auch Ihre Konzentration. Das ist schließlich das erklärte Ziel. Schauen wir uns an, wie sich der optimale Wechsel von Arbeit und Pause gestaltet.

DER PERFEKTE RHYTHMUS

Um es gleich vorweg zu sagen, es gibt ihn nicht. Jeder Mensch ist einzigartig und seine Konzentrations- und Merkfähigkeit sind es auch. Die Hochkonzentrationsphase dauert bei den meisten zwischen 25 bis maximal 45 Minuten. Nutzen Sie dieses Wissen geschickt aus und koordinieren Sie Ihre Pausen entsprechend.

Spätestens nach etwa 75 bis 90 Minuten sollten Sie Ihre Arbeit auf jeden Fall unterbrechen, sie für ein paar Minuten ruhen lassen und eine Pause einlegen. Als wesentlich effizienter haben sich sogar noch kürzere Zeitabstände erwiesen. Wer 55 Minuten arbeitet und sich dann fünf Minuten Auszeit gönnt, hat große Chancen, seine Konzentrationsfähigkeit langfristig zu steigern.

Sie können allerdings auch noch einen Schritt weiter gehen. Teilen Sie Ihren Arbeitsrhythmus in halbe Stunden ein. Eine Minipause von fünf Minuten nach 25 Minuten Arbeit sorgt für schnelle Entspannung und sofortige Wiederherstellung des Leistungsvermögens. Nach vier solcher Arbeit-Pausen-Blöcke nehmen Sie sich eine größere Pause von 30 Minuten. Erfunden hat diese Einteilung Francesco Cirillo und er nannte sie Pomodoro-Technik. Pomodoro ist das italienische Wort für Tomate. Eben jene Frucht mit ihrer einzigartigen Fruchtkammer-Charakteristik stand Pate für die Arbeitsmethode. In Kapitel 6 haben Sie von den Gammawellen in Ihrem Gehirn gehört. Diese für allerhöchste Konzentration verantwortlichen Gehirnwellen ab einer Frequenz von 38 Hertz aufwärts können in diesem Rhythmus trainiert werden.

DIE OPTIMALE PAUSENGESTALTUNG

Wie erholsam die Pause ist, hängt vor allem davon ab, was Sie in dieser Auszeit tun. In den ersten ein bis zwei Minuten regenerieren Sie am stärksten. Das heißt, diese Zeit gilt es, optimal zu nutzen. Womit? Mit Nichtstun! Schauen Sie weder auf Ihr Handy noch surfen Sie im Internet. Das bedeutet nämlich keine Entspannung, sondern nur den Wechsel von einer Anspannung in eine andere.

Abwarten und Tee trinken

Gönnen Sie sich eine Tasse Tee. Hierbei müssen Sie nicht denken und der Erholungswert ist enorm. Suchen Sie sich Ihre Lieblingssorte und zelebrieren Sie das Trinken. Setzen oder stellen Sie sich an einen ruhigen Ort. Nehmen Sie die Tasse in beide Hände und lassen Sie den wohligen Duft in Ihre Nase ziehen. Trinken Sie langsam und schluckweise. Denken Sie dabei an nichts anderes als an die Tätigkeit, die Sie gerade ausführen – nämlich Tee trinken.

Luftlöcher starren

Machen Sie es sich auf Ihrem Bürostuhl oder einer anderen Sitzgelegenheit bequem und starren Sie einfach in die Luft. Nehmen Sie keinen bestimmten Gegenstand ins Visier und schauen Sie auch niemanden direkt an. Versuchen Sie, Ihr Sehen von scharf auf verschwommen zu stellen. Lassen Sie Ihre Gedanken los. Was auch immer vor Ihrem geistigen Auge auftaucht, lassen Sie es an sich vorüberziehen.

Spazieren gehen

Sollten Sie die Gelegenheit haben, kurz um den Block zu laufen oder gar in der Nähe einer Grünfläche zu arbeiten, dann nichts wie raus. Hier kombinieren Sie gleich mehrere Vorteile auf einmal. Der

Tapetenwechsel sorgt ebenso für Entspannung wie die Bewegung und die frische Luft. Der Kreislauf kommt wieder auf Trab, der Sauerstoff versorgt nicht nur die Lunge, sondern auch das Gehirn mit neuer Energie. Optimaler können Sie Ihre Pause gar nicht gestalten.

Dehnen, Strecken, Bewegen

Kleine Dehnübungen und ein ausführliches Strecken des Körpers bringen den Kreislauf wieder in Schwung. Wenn Sie den ganzen Tag am Schreitisch sitzen, sind diese Minisporteinheiten genau das Richtige für Sie. Stellen Sie sich hin und strecken Sie Ihre Arme weit nach oben aus. Neigen Sie sich dann wie in Zeitlupe abwechselnd nach und links und rechts. Sie können auch versuchen, sich mit dem Oberkörper nach vorn zu beugen und Ihre Füße oder den Boden zu berühren. Topfit sind Sie, wenn Sie es schaffen, die Handfläche auf den Boden zu legen. Bei regelmäßiger Übung spüren Sie jedoch auch so bald eine Verbesserung Ihrer Beweglichkeit.

Zimmer durchlüften

Wenn Sie schon nicht rausgehen können, dann sorgen Sie wenigstens für frische Luft. In klimatisierten Räumen fällt es vielleicht nicht weiter auf. Die abgestandene Atemluft sollte jedoch dennoch regelmäßig durch Frischluft ersetzt werden. In den wärmeren Jahreszeiten ist das kräftige Durchlüften vermutlich kein Problem. Doch auch in den Wintermonaten muss der Arbeitsraum immer mal wieder für maximal zehn Minuten stoßgelüftet werden.

Power-Napping

Sie können sich zum Beispiel am Mittag die Zeit für ein kurzes Schläfchen nehmen? Perfekt! Die schnellste und wirksamste Methode der Erholung ist ein Power-Nap. Darunter versteht man eine maximal 20

Minuten dauernder Schlafeinheit. Zwischen 10 und 20 Minuten die Augen zuzumachen und kurz einzunicken, bringt Ihren Geist auf angenehmste Weise wieder in Höchstform.

Das geht übrigens auch im Büro. Setzen Sie sich an Ihren Schreibtisch, legen Sie die Unterarme überkreuzt auf die Tischplatte und betten Sie darauf Ihren Kopf. Mit ein wenig Übung gelingt es Ihnen schon nach einigen tiefen Atemzügen einzuschlafen.

Sorgen Sie allerdings dafür, dass die Schlafdauer von höchstens 20 Minuten nicht überschritten wird. Danach fällt der Körper in eine Tiefschlafphase und der Erholungseffekt ist zunichte. Dann ist das Gegenteil der Fall: Sie kommen für Stunden nicht wieder richtig in die Gänge. Power-Napping will also geübt sein. Freie Tage oder Wochenenden bieten sich hierfür an.

Kurzmeditation oder Tagträumerei

Wer nicht einschlafen will oder kann, für den ist vielleicht eine kleine Gedankenreise das richtige Mittel zum Abschalten. Anleitungen für kurze Meditationen finden Sie überall im Internet. Suchen Sie sich eine oder mehrere für Sie passende Themen aus und probieren Sie die geführte Meditation aus.

Oder Sie visualisieren etwas, was Ihnen in Ihrem Leben selbst wichtig ist, Sie aber bisher noch nicht erreicht haben. Visualisierung ist eines der kraftvollsten Mittel zur Zielerreichung. Eine kurze Pause bietet sich dafür hervorragend an. Setzen Sie sich bequem hin und schließen Sie die Augen. Begeben Sie sich nun in Ihren Tagtraum. Malen Sie sich alles in den schönsten und intensivsten Farben aus. Spüren Sie, riechen Sie, schauen Sie sich vor Ihrem inneren Auge um. Nach ein paar Minuten öffnen Sie die Augen wieder, atmen tief ein und aus und gehen gestärkt und mit neuer Motivation an Ihre Arbeit zurück.

PAUSEN NICHT ZU LANGE AUSDEHNEN

Es ist wie in allen anderen Bereichen des Lebens auch. Zu viel des Guten wirkt sich eher negativ als positiv aus. Eine zu große Pause zwischen zwei Arbeitseinheiten bringt Sie aus dem Trott und damit aus der Zone der Konzentrationsfähigkeit. Nach der Mittagspause beispielsweise dauert es bis zu 30 Minuten, bis Sie wieder voll und ganz im Thema sind. Natürlich sollen Sie nun Ihre Mittagspause nicht abschaffen. Genießen Sie die große Pause und gönnen Sie sich eine leckere konzentrationsfördernde Mahlzeit.

Für die kleinen Pausen zwischendurch gilt allerdings: maximal zehn Minuten. Einzige Ausnahme bildet hiervon das soeben beschriebene Power-Napping. Wer genau weiß, dass er nicht wieder auf die Beine kommt, wenn er einmal eingeschlafen ist, sollte diese Methode der Erholung vorerst nicht in seinen Arbeitstag integrieren. Erst dann, wenn Sie sich sicher sind, dass Sie nach zehn bis 20 Minuten wieder aufwachen, ist diese Pausenart für Sie geeignet. Andernfalls profitieren Sie nicht davon.

WIE LANGE KANN MAN ÜBERHAUPT AM STÜCK VOLL KONZENTRIERT SEIN?

Die Länge der Konzentrationsphase wurde in einem der vorderen Abschnitte dieses Kapitels bereits kurz angesprochen. Hier noch einmal etwas ausführlicher. Sie mögen es vielleicht nicht glauben, aber die menschliche Fähigkeit, sich ohne Unterbrechung ausschließlich auf eine Sache konzentrieren zu können, ist erstaunlich kurz. Ein Kind schafft es nicht länger als fünf bis maximal zehn Minuten, bei der Sache zu bleiben. In der Schule werden die Aufmerksamkeit und Konzentration zwar ein wenig trainiert. Mit dem Eintritt ins Berufsleben kann ein junger Erwachsener sich aber immer noch nicht länger als etwa 25 Minuten konzentrieren und fokussieren. Mit viel Geduld bringen es Geübte im Laufe der Zeit dann immerhin auf 45 Minuten.

Mit diesem Wissen wird eines ganz deutlich: Es bringt überhaupt nichts, sich wie der Mann in unserem Beispiel zu Beginn des Kapitels stundenlang zu quälen. Hätte der Redakteur regelmäßig kleine Pausen eingelegt, in denen er sich bewegt oder einfach nichts tut, wäre das Ergebnis weit besser ausgefallen.

AUF DEN PUNKT GEBRACHT

So wichtig es für den Erfolg ist, mit voller Konzentration zu arbeiten, so entscheidend sind auch die kleinen Auszeiten zwischendurch. Fassen wir noch einmal die wesentlichen Fakten dieses Kapitels zusammen:

- Planen Sie Ihre Pausen ebenso sorgfältig wie Ihre Arbeitsaufgaben.
- Nach spätestens 90 Minuten ist eine Pause fällig, besser schon nach 55 Minuten.
- Während der Pausen gelten auch für Handy und PC eine Auszeit.

- Eine Pausenlänge beträgt zwischen fünf und zehn Minuten.
- Ausnahme Power-Napping (Energieschlaf) bis zu 20 Minuten, keinesfalls länger.
- Gestalten Sie Ihre Pausen aktiv, aber nicht aufregend.

TOOLBOX

Pause-App

Wer während einer Pause absolut nicht die Finger von seinem Smartphone lassen kann, für den empfiehlt sich die App „Pause". Während der zehnminütigen Session hören Sie über Kopfhörer beruhigende Hintergrundklänge und Sie werden aufgefordert, auf dem Display Ihres Smartphones einen Fleck zu bewegen. Dieser breitet sich immer weiter aus. Schließlich geht das Ganze mit geschlossenen Augen weiter. Das Tool für iOS und Android entspannt Sie und macht Sie dadurch bereit für die nächste Arbeitseinheit.

Pomodoro – Browser-Extension

Das Pomodoro-Prinzip ist eine Zeitmanagementmethode, mit der Sie in 25-Minuten-Perioden arbeiten und dazwischen jeweils eine 5-minütige Pause einlegen. Nach jeder vierten Arbeitsperiode machen Sie eine längere Pause. Ursprünglich hat man eine normale Küchenuhr verwendet, um sich an den Plan zu halten. Im digitalen Zeitalter und der häufigen Arbeit am Computer bietet es sich allerdings an, den Timer direkt in den Browser zu integrieren und von weiteren Vorzügen zu profitieren.

Wecker / Timer

Der klassische Wecker / Timer wird seinem Zweck trotzdem auch heute noch gerecht und kann für viele Intervallmethoden verwendet werden, sei es beim Yoga, beim Sport, bei der Arbeit oder doch einfach nur beim Kochen. Er hilft, den Fokus auf die Tätigkeit zu richten und sich nicht ständig von einem Blick auf die Uhr ablenken zu lassen.

KAPITEL 10

NAHRUNGSERGÄNZUNG FÜR KONZENTRIERTES ARBEITEN

WAS VERSTEHT MAN UNTER NAHRUNGSERGÄNZUNGEN?

Nahrungsergänzungsmittel tragen ihre Definition bereits im Namen mit sich. Sie ergänzen die natürliche Ernährung. Dies kann beispielsweise bei Mangelzuständen bestimmter Nährstoffe notwendig sein. Nahrungsergänzungen sind nicht zwingend apothekenpflichtig und grundsätzlich frei verkäuflich. Ihre Wirkungsweise darf gesetzlich nicht der von Arzneimitteln entsprechen. Dennoch finden sie in der Alternativmedizin durchaus ihre unterstützende Anwendung. Das Bundesinstitut für Risikobewertung spricht zwar Empfehlungen aus, es gibt allerdings derzeit noch keine Gesetzesvorgaben für Höchstmengen. Die deutliche Kennzeichnung eines Präparates als Nahrungsergänzungsmittel ist hingegen exakt vorgeschrieben. Mengenangabe und Dosierung müssen ebenso angegeben werden wie die empfohlene Tagedosis. Die Warnhinweise, dass Nahrungsergänzungen keine ausgewogene Ernährung ersetzen und von Kindern ferngehalten werden müssen, sind ebenfalls obligat.

SPIELEN LEBENSUMSTÄNDE EINE ROLLE?

Hierauf kann es nur eine Antwort geben: ein klares und deutliches Ja! Das wurde in den bisherigen neun Kapiteln genau beleuchtet und dokumentiert. Die Gründe für Unkonzentriertheit und verminderte Leistungsfähigkeit können vielseitig sein. Das Alter ist ein Faktor, der dafür verantwortlich ist, dass die Leistung des Gedächtnisses abnimmt. Fast immer spielen aber auch unsere Lebensgewohnheiten eine entscheidende Rolle für Gedächtnislücken. Wenn Sie unter Dauerstress stehen oder Raucher sind, dürfte es um Ihre Versorgung mit allen lebenswichtigen Vitaminen, Mineralien und Spurenelementen eher schlecht bestellt sein. Schlafmangel und minderwertige Ernährung tragen auch nicht gerade zu einem blühenden Körper und Geist bei. In diesen Fällen ist eine Supplementierung mit den fehlenden Nährstoffen sicherlich sinnvoll. Eine Auswirkung auf die Konzentrationsfähigkeit dürfte allerdings erst nach dem Auffüllen der leeren Depots zu spüren sein.

PROFITIERT EIN GESUNDER MENSCH DAVON?

Wenn Sie die vorangegangen Kapitel aufmerksam gelesen und sich die für Sie wichtigen Themenbereiche herausgezogen haben, ist das für eine normale Konzentrationsfähigkeit ausreichend. Das gilt auch für alle, die durch gesunde Ernährung in Verbindung mit moderater Bewegung ihren Körper auf einem guten Gesundheitslevel halten. Wer dann noch bestimmte Übungen und Techniken mit in seinen Alltag integriert, für den sind Nahrungsergänzungen im Großen und Ganzen unnötig. Doch da gibt es noch die Menschen, die immer etwas mehr haben wollen. Sie geben sich mit 100 % nicht zufrieden und fragen sich: „Was kann ich noch tun?“ All jene, die das Extra brauchen, die unbedingt 110 % oder vielleicht noch etwas darüber hinaus erreichen wollen, können Ihre Merkfähigkeit und Konzentration zusätzlich mit Nahrungsergänzungsmitteln steigern.

In Phasen erhöhter Lernanstrengung, wie zum Beispiel vor Prüfungen, wird oft zur Einnahme von Nahrungsergänzungen geraten, um die Aufmerksamkeit zu steigern. Da jedoch kaum eines der konzentrationsfördernden Mittel kurzfristig wirkt, ist dieser Rat sinnlos. Die Wirkung setzt eher schleichend ein und erst nach einer ganzen Weile ist das volle Potential erreicht. Ist dies erreicht, wirken die Nahrungsergänzungsmittel dafür langfristig.

WELCHE NAHRUNGSERGÄNZUNGEN FÜRS GEHIRN?

Mit welchen Mitteln lässt sich denn nun gezielt die Konzentration fördern? Wir wissen, dass die Konzentration selbst bei geübten Menschen nur maximal 45 Minuten aufrechterhalten werden kann. Nach dieser Zeit sinkt die Merkfähigkeit ab und kann nur durch gezielte Erholung oder Ernährung wieder gesteigert werden.

Bei den folgenden Produkten achten Sie bitte immer auf die Verzehrempfehlung der Hersteller.

Künstliches Melatonin hilft beim Einschlafen

Die längste und ausführlichste Regenerationsphase ist das nächtliche Schlafen. Doch was tun, wenn die Ruhe einfach nicht kommen will? Wer nächtelang wachliegt und vielleicht sogar unter schweren Schlafstörungen leidet, kann von konzentriertem Arbeiten wahrscheinlich auch nicht mehr träumen. Hier könnte künstliches Melatonin Abhilfe oder zumindest Linderung verschaffen. In geringer Dosierung ist es möglich, die Einschlafzeit zu verkürzen.

Produkte:

- Melatonin Kapseln
- Melatonin Sublingual

Vitamin-B-Komplex für Seelen-Power

Von einem stabilen Serotoninspiegel profitiert sowohl unser Kurzzeitgedächtnis als auch das Langzeitgedächtnis. Mit der gezielten täglichen Gabe von Vitamin B kann der Serotoninlevel angehoben werden und sich sowohl die Stimmung als auch die Informationsspeicherung im Gedächtnis verbessern.

Produkte:

- Kombi-Präparat B6 mit Koffein und L-Theanin
- Vitamin B5 + Ginkgo-Extrakt
- Vitamin B5 + B12
- Vitamin B12 Lutschtabletten
- Vitamin B12 + B6 + Folsäure Tabletten
- B-Komplex Kapseln

Vitamin C

Im Kapitel Ernährung wurde Vitamin C bereits durchleuchtet. Um genügend Botenstoffe (Neurotransmitter) bilden zu können, benötigt man ausreichend Vitamin C. Bei Kindern mit ADHS wird dieses Vitamin von außen zugeführt und hilft dabei, sich besser konzentrieren zu können. Das funktioniert natürlich ebenso beim Erwachsenen. Achten Sie darauf, nur liposomales Vitamin C zu kaufen. Bei der Einnahme von normalen Vitamin-C-Produkten gelangen diese in den Verdauungstrakt, wodurch ein Großteil des wertvollen Vitamins einfach wieder ausgeschieden wird. Liposomale Produkte umgehen dieses Problem. Wie der Name ahnen lässt, sind hier Lipide (Fette) im Spiel. Sie sind bekanntlich wasserabweisend und verhindern in Form einer Membran die Interaktion mit Verdauungssäften.

Produkte:

- Liposomales Vitamin C in Sachets oder Kapseln

Magnesium sorgt für Entspannung

Wer unter Magnesiummangel leidet, fühlt sich oft extrem angespannt. Das kann hinderlich sein, wenn es ums Ein- und Durchschlafen geht. Da die Dosis, die der Körper verarbeiten kann, eher gering ist (ca. 100 mg), ist es sinnvoller, mehrmals am Tag kleine Mengen Magnesium zuzuführen, statt einer großen Tagesdosis. Um noch bessere Effekte zu erzielen, lohnt es sich, Magnesium in Verbindung mit Kalzium und Vitamin C aufzunehmen. Achten Sie bei Magnesium-Supplementen darauf, nur Citrate und keine Oxide zu kaufen, weil diese wesentlich schlechter vom Körper aufgenommen werden.

Produkte:

- Magnesium Tabletten
- Magnesium Citrat Kapseln
- Magnesium complex Kapseln
- MAG Kapseln
- Lecithin Magnesium
- Kalzium Magnesium Citrat Kapseln

Omega-3-Fettsäuren wirken Gedächtnisverlust entgegen

Das menschliche Gehirn setzt sich zum größten Teil aus Fetten zusammen. Da Omega-3-Fettsäuren noch zusätzlich in drei Säuren unterteilt werden, ist eine dieser Säuren, nämlich DHA (Docosahexaensäure) in jeder unserer Nervenzellen vorhanden. In den Strukturfetten macht DHA einen sagenhaften Bestandteil von 30 % aus. Genau diese Säure ist zusammen mit EPA (Eicosapentaensäure) für die geistige Leistung und Konzentration verantwortlich. Ein Mangel hat also gravierende Folgen.

Produkte:

- Krill Boost Kapseln
- Omega-3 DHA Fruchtgummis
- Omega Kapseln
- Arktisches Fischöl (+ Vitamin D3)
- Omega-3 vegan

Eisen gegen Müdigkeit

Stoffwechselvorgänge im Gehirn bedingen eine optimale Eisen-Konzentration. Fehlt sie, kommt es zu Müdigkeit und bleierner Schwere. Die Konzentrationsfähigkeit nimmt merklich ab, man fühlt sich fahrig und hat größte Mühe, bei der Sache zu bleiben. Hier kann die Gabe von Eisen-Präparaten ein großer Segen sein.

Produkte:

- Eisen plus Kapseln
- Eisen Citrat Kapseln

HAFTUNGSAUSSCHLUSS

Achtung! Jeder Körper reagiert anders. Das ist nicht neu, muss jedoch unbedingt beachtet werden. Die in den einzelnen Abschnitten angegebenen Präparate stellen keine ausgewiesene Produktempfehlung unsererseits dar, sondern sind eher als Anregung oder Beispiel gedacht. Trotz gründlicher Recherche kann zudem keine Garantie für die Wirkung und die Wirksamkeit der vorgestellten Nahrungsergänzungsmittel übernommen werden. Gesundheit ist das höchste Gut und darf nicht leichtfertig aufs Spiel gesetzt werden. Sollten Sie Zweifel haben, ob ein Präparat für Sie geeignet ist oder nicht, konsultieren Sie vor der Einnahme unbedingt Ihren Arzt und / oder Apotheker!

AUF DEN PUNKT GEBRACHT

- Beim gesunden Menschen reicht im Normalfall eine ausgewogene Ernährung in Verbindung mit Bewegung und ausreichend Schlaf für eine optimale Versorgung des Gehirns aus.
- Mit Nahrungsergänzungen lassen sich Mangelzustände beheben.
- Kombinationen aus verschiedenen Vitaminen und Spurenelementen sind wirkungsvoller als Einzelpräparate.
- Vor der Einnahme Packungsbeilage sorgfältig lesen und mit Ihrem Hausarzt sprechen.

LAST BUT NOT LEAST – SCHLUSSWORT

Das Ende des Buches rückt hiermit in greifbare Nähe. Wir haben Ihnen eingangs nicht zu viel versprochen, oder? Wie Sie bemerkt haben, greift das Thema „Konzentriert Arbeiten“ in nahezu jeden Bereich unseres Lebens ein. Das ist aber auch gerade der Vorteil. Bieten sich doch dadurch allerhand Stellschrauben, an denen es sich zu drehen lohnt, um Ihre Konzentration und Aufmerksamkeit zu erhöhen. Sicher konnten wir Ihnen hier und da Inspirationen und Anregungen mit auf den Weg geben, wie Sie in Zukunft Ihre Arbeitsweise konzentrierter und damit auch leistungsfähiger gestalten können.

Vielleicht haben Sie Lust bekommen, in einige der zehn behandelten Themen noch wesentlich tiefer einzutauchen. Im Internet oder im gut sortierten Buchhandel werden Sie mit Sicherheit an weiterführender Literatur fündig. Uns war es vor allem wichtig, die einzelnen Aspekte in Zusammenhang mit dem Hauptthema „Konzentriertes Arbeiten“ unter die Lupe zu nehmen. Daher haben wir uns nicht speziell auf einen Bereich beschränkt.

Wie geht es nun weiter?

Sie sind mit dem ersten Lesen des Buches fertig? Dann stehen Ihnen mehrere Optionen offen. Entweder Sie legen das Buch für den Moment erst einmal zur Seite und lassen das Gelesene sich setzen. Sie können aber auch gleich loslegen und das eine oder andere Tool ausprobieren? Am Ende eines jeden Kapitels haben wir passende Tools zum Thema aufgeführt. Die Liste erhebt keinen Anspruch auf Vollständigkeit. Sie soll Ihnen eher einen kleinen Überblick verschaffen, welche nützlichen Apps und Programme am Markt im jeweiligen

Bereich zur Verfügung stehen. Viele der genannten Produkte sind sogar vollkommen kostenlos erhältlich, zumindest in der Basisversion. Hierbei können Sie nach Herzenslust testen und gehen keinerlei Risiko ein. Nutzen Sie diese Möglichkeiten ruhig als Einstieg, wenn Sie eine Optimierungsstrategie testen möchten. Falls Sie bemerken, dass eine Sache total Ihr Ding ist, dann können Sie sich später gern auch mit den professionellen Toolvarianten beschäftigen.

Die dritte Variante könnte nach dem bloßen Lesen darin bestehen, nun den Ratgeber als Arbeitsheft zu benutzen. Suchen Sie sich das Thema aus, welches Ihnen Ihrer Meinung nach am stärksten unter den Nägeln brennt. Lesen Sie sich den Text dazu noch einmal gründlich durch. Dann ziehen Sie sich einen Punkt heraus und üben ihn solange im Alltag, bis er Ihnen in Fleisch und Blut übergegangen ist. Vielleicht haben Sie nur einen Themenbereich, den Sie bearbeiten wollen. Dann können Sie sich umso mehr Zeit lassen. Lesen Sie vergleichbare Artikel im Internet oder in diversen Büchern. Möchten Sie mehrere Themen optimieren, gehen Sie das nächste Kapitel erst dann an, wenn Sie das vorhergehende vollständig abgehandelt haben. Es bringt Ihnen nicht viel, ungeduldig oder gar oberflächlich zu sein. Um neue Strategien oder Gewohnheiten zu etablieren, benötigt es ein Minimum von 21 Tagen. In diesem Zeitraum muss das Neue stets wiederholt werden. Lassen Sie keinen Tag aus, üben Sie auch dann, wenn Sie mal keine Lust dazu haben. Seien Sie nicht entmutigt, falls eine Übung oder eine Technik nicht auf Anhieb klappt. Mit etwas Hartnäckigkeit und Ausdauer werden positive Ergebnisse nicht allzu lange auf sich warten lassen.

Interessiert es Sie, was aus den Kandidaten in unseren Beispielen geworden ist? Während manche schon gute Ansätze zeigten, lasen sich andere Geschichten wiederum wie ein hoffnungsloser Fall, nicht wahr? Doch sie haben allesamt beharrlich an sich gearbeitet und aus ihren Fehlern gelernt. Die Optimierungsergebnisse können sich durch die Bank sehen lassen. Schauen wir uns das im Einzelnen gern noch einmal an.

Katharina aus Kapitel 1, die chaotische Designerin, hat die Unordnung an ihrem Arbeitsplatz besiegt. Dadurch war es ihr möglich, ebenfalls Struktur in ihre Arbeitsabläufe zu bringen. Statt hinter jedem Termin hinterher zu hecheln und ihn doch wieder platzen zu lassen, schreibt sie nun alles in ihren quietschbunten Terminkalender. Den hat sie zufällig bei einer Shoppingtour in der Stadt, in der sie lebt, gefunden und war auf Anhieb begeistert. Die Tagessprüche nimmt sie als Motto und ordnet diesem ihren Arbeitstag unter. Katharina genießt das Leben in vollen Zügen. Sie liebt das Chaos und ihre Kreativität braucht immer wieder neue Flügel. Daran hat sich nichts geändert. Doch heute nimmt sie ihre Arbeit ernst und schaltet Störfaktoren wie Unordnung und Termindruck konsequent aus. Sie fährt pünktlich zur Arbeit, erledigt ihre Aufgaben termingerecht und empfindet eine unbändige Freude an ihren Entwürfen.

Der Chaosliebhaber aus Kapitel 2 – *Christoph* – hat sein Büro endlich zu einem Raum umfunktioniert, in dem klares Denken und konzentriertes Arbeiten nicht mehr länger Dinge der Unmöglichkeit sind. Auf seinem Schreibtisch finden sich nur noch die Unterlagen, die für die aktuelle Aufgabe notwendig sind. Nach Erledigung räumt er alles wieder an seinen Platz. Er schenkt sich zwischen zwei Projekten jedes Mal eine Pause, in der er sich ganz bewusst über die Ordnung freut. Seine Bürotür steht nur noch dann offen, wenn er sich entweder mit Routineaufgaben beschäftigt oder eine Pause macht. Musik stört ihn mittlerweile eher, seit er gemerkt hat, wie konzentriert er in Stille arbeiten kann. Zudem ist der Raum angefüllt mit frischer Luft.

Lenas Verwandlung konnten Sie in Kapitel 3 bereits verfolgen. Sie hat ihren Tag mit der Zeit noch stärker strukturiert und mit Routinen beziehungsweise Ritualen belegt. Vor allem solche, an denen sie Freude empfindet. Ihre schriftstellerischen Fähigkeiten verbesserten sich so kontinuierlich, dass sie ihre Aufträge meist weit vor der vertraglich vereinbarten Abgabefrist an ihre Kunden übermitteln kann. Dadurch bleibt ihr häufig sogar Zeit für Extraerholung. Ihre Auftraggeber sind begeistert von ihren Texten und sie selbst liebt ihre zum Beruf gemachte Leidenschaft noch ein bisschen mehr als zuvor.

Achim aus Kapitel 5 liebt noch immer Fast Food. Aber inzwischen ist es für ihn zur Leckerei geworden, die er sich nur noch zu ganz besonderen Anlässen gönnt. Dann aber genießt er ohne schlechtes Gewissen sein Mahl und nimmt sich genügend Zeit zum Essen. Seine unerträglichen Müdigkeitsphasen nach dem Mittagessen nahmen mit der Änderung seiner Ernährungsgewohnheiten schlagartig ab. Pizza, Hamburger und Co. mussten weichen und Achim nimmt nun leichte und vor allem selbstgekochte Gerichte mit zur Arbeit. Er fühlt sich fit und seine Konzentrations- und Leistungsfähigkeit reicht jetzt locker bis in die Abendstunden.

Lennart macht uns in Kapitel 6 wie kaum ein anderer vor, wie Fokussieren richtig gelingt. Er liebt seinen Job und macht jede seiner Aufgaben zum wichtigsten Ziel, das es als Nächstes zu erreichen gilt. Er ist für viele seiner Kollegen ein großes Vorbild. Doch nicht nur das, seine Arbeitsweise wird inzwischen von den anderen adaptiert und macht im gesamten Unternehmen Schule. Dadurch verbesserten sich sowohl die allgemeine Auftragslage als auch der Kontakt mit Kunden und Lieferanten drastisch. Auch Sie können sich gern an Lennart und seiner vorbildlichen und fokussierten Arbeitsweise orientieren.

Die Musikerin *Katja* aus Kapitel 7 beneidet ihre Kollegin und Freundin inzwischen nicht mehr. Sie traute sich einfach, Johanna um Unterstützung zu bitten. Diese war sofort bereit, ihre Begeisterung für die Musik im Allgemeinen und ihr Instrument im Besonderen weiterzugeben. Mit ihrer Hilfe und weiterer unterstützender Techniken übte Katja so lange die Balance zwischen Über- und Unterforderung, bis auch sie den Zustand vollkommener Hingabe und Konzentration erlebte. Nach dem ersten Mal konnte sie gar nicht mehr genug davon bekommen. Heute spielen die beiden Frauen oft zusammen und wer die beiden beobachtet, sieht ihnen den Flow-Zustand direkt an.

Danny, der Redakteur aus Kapitel 9 musste schmerzlich erfahren, wie wertlos seine Marathon-Spätschicht gewesen war. Die vielen Fehler führten dazu, dass er seine Arbeit vom Vortag wiederholen musste. Das passierte ihm nicht zum ersten Mal. Doch irgendwann machte es Klick in seinem Kopf. Danny lernte, sich die Arbeit in kleinere Einheiten einzuteilen und dazwischen kurze Pausen einzulegen. Seine Fehlerquote sank fast im Nu rapide. Dafür gelang es ihm, sich tiefer auf eine Sache zu fokussieren. Er konnte bald schon für beinahe eine halbe Stunde lang richtiggehend in eine Hochkonzentrationsphase eintauchen. Wenn er heute aus solchen Phasen durch die ganz natürliche Leistungskurve wieder heraustritt, genießt er regelmäßig ein paar Minuten Nichtstun. Power-Napping gehört nun zu seinen mittäglichen Ritualen und hilft ihm dabei, für den Rest des Tages konzentriert zu arbeiten.

Klingt vielversprechend, nicht wahr? Wir sind uns ganz sicher: Was unsere Beispielkollegen erreicht haben, das schaffen Sie auch. Nehmen Sie sich die vorgestellten Kandidaten zum Vorbild und seien Sie mutig und konsequent. Vielleicht gibt es bei Ihnen nur einen oder zwei Bereiche, die Sie optimieren möchten. Dann kehren Sie bei Bedarf gerne immer und immer wieder zu diesen Kapiteln zurück und arbeiten noch einmal intensiv mit unseren Tipps und vorgeschlagenen Tools. Sollten Sie Unterstützung in vielen oder gar allen Bereichen benötigen, fangen Sie am besten mit einem Kapitel an. Suchen Sie sich aus, was Sie als Erstes optimieren möchten und bleiben Sie solange dabei, bis Sie mit dem Ergebnis zufrieden sind.

Ein letztes Wort noch auf dem Weg zu Ihrem persönlichen Erfolg. Sie wissen es ja selbst am besten: Lesen allein verspricht noch keine Konzentrationsverbesserung. TUN ist das Zauberwort und es liegt bei Ihnen, ob Sie Zaubermeister oder ewiger Schüler bleiben möchten. Lassen Sie sich von zeitweiligen Rückschlagen nicht entmutigen. Denken Sie an die 21 Tage, weiten Sie sie im besten Fall auf zwei Monate aus und bleiben Sie am Ball!

In diesem Sinne wünschen wir Ihnen beste Ergebnisse und hochkonzentriertes Arbeiten. Alles erdenklich Gute für Ihre private und vor allem natürlich für Ihre berufliche Zukunft!

HINWEIS

Die in diesem Buch enthaltenen Informationen und Ratschläge dienen der allgemeinen Orientierung über die Themen Konzentration, Produktivität und Fokus. Sie sollen unter keinen Umständen medizinische und pflegerische Beratung durch einen Fachmann ersetzen und dienen ausschließlich zu Informationszwecken. Der Text ersetzt keinesfalls eine medizinische Beratung durch einen Arzt. Er darf nicht als Basis zur eigenständigen Diagnose und Beginn, Änderung oder Beendigung einer Behandlung verwendet werden. Bei gesundheitlichen Fragen, Beschwerden oder Problemen konsultieren Sie immer Ihren Arzt!

Wissenschaftliche Erkenntnisse, besonders in Bezug auf Ernährung und Nahrungsergänzung, verändern sich ständig, daher kann eine 100% Aktualität der vermittelten Informationen nicht gewährleistet werden.

Das Buch, inklusive aller Inhalte, gewährt daher keine Garantie oder Gewähr für Aktualität, Korrektheit, Vollständigkeit und Qualität der bereitgestellten Informationen. Druckfehler und Fehlinformationen können nicht vollständig ausgeschlossen werden.

Der Autor lehnt innerhalb des gesetzlichen Rahmens jegliche Haftungsansprüche ab, die sich direkt oder indirekt aus der Anwendung oder Falschanwendung der in diesem Buch gegebenen Informationen ergeben.

Deutsche Erstausgabe 2019

Harper & Coleman - René Engert - Lütjes Feld 24 - 31832 Springe

Covergestaltung und Satz: Wolkenart - Marie-Katharina Wölk,
www.wolkenart.com
ISBN: 978-3-9821202-2-5
Imprint: Harper & Coleman
Printed by Amazon Distribution
1. Auflage

Printed in Poland
by Amazon Fulfillment
Poland Sp. z o.o., Wrocław

50709493R00085